COMPAGNIE UNIVERSELLE

DU

CANAL DE SUEZ

DOCUMENTS

Sur les Questions pendantes

25 DÉCEMBRE 1863

SOMMAIRE.

Avis au lecteur. — Demande judiciaire formée par la Compagnie Universelle du Canal de Suez contre M. N. Nubar. — Note explicative sur les précédents de la discussion actuelle. — Principes et état de la question. — Le vrai de la question. — Résolution du Conseil d'administration de la Compagnie.

PARIS

IMPRIMERIE CENTRALE DES CHEMINS DE FER

DE NAPOLÉON CHAIX ET Cie

Rue Bergère, 20, près du boulevard Montmartre

1863

COMPAGNIE UNIVERSELLE

DU

CANAL DE SUEZ

DOCUMENTS

COMPAGNIE UNIVERSELLE

DU

CANAL DE SUEZ

DOCUMENTS

Sur les Questions pendantes.

25 DÉCEMBRE 1863

SOMMAIRE.

Avis au lecteur. — Demande judiciaire formée par la Compagnie universelle du Canal de Suez contre M. N. Nubar. — Note explicative sur les précédents de la discussion actuelle. — Principes et état de la question. — Le vrai de la question. — Résolution du Conseil d'administration de la Compagnie.

PARIS

IMPRIMERIE CENTRALE DES CHEMINS DE FER

DE NAPOLÉON CHAIX ET Cie

Rue Bergère, 20, près du boulevard Montmartre

1863

1863

AVIS AU LECTEUR.

En 1860, à la suite de la mission de Moucktar-Bey chargé par le divan, d'aller porter en Egypte l'ordre de suspendre les travaux du canal, MM. Odilon Barrot, Dufaure et Jules Favre signèrent une consultation ayant pour objet de prouver au gouvernement égyptien que la Compagnie n'était pas régulièrement constituée, et que ses engagements envers elle n'avaient pas de valeur.

Après trois ans d'oubli, cette pièce qui jusque-là n'avait jamais vu le jour, a été publiée dans *la Semaine financière* du 14 novembre dernier, et reproduite dans les annonces de plusieurs des principaux journaux de Paris.

La Compagnie, par une *Note* explicative en date du 23 novembre, a fait connaître au public que le gouvernement égyptien avait rejeté les opinions soutenues dans cette consultation ; qu'au contraire il avait de nouveau reconnu et sanctionné les droits et contrats de la Compagnie et avait pleinement satisfait à ses réquisitions.

La note était accompagnée de divers actes officiels émanés du gouvernement égyptien, et attestant de la part des deux vice-rois successifs cette reconnaissance et cette sanction.

Nubar-Pacha vient de répandre et de distribuer, par toutes les voies de la publicité, une nouvelle consultation datée du 30 novembre dernier, et signée des mêmes avocats, dont les principes et les conclusions ne laisseraient d'autre alternative à la Compagnie que l'annulation ou la spoliation.

Un travail complet en réponse à la consultation s'exécute en ce moment. Il éclairera prochainement le public sur la vérité des choses et sur les procédés employés dans l'espoir de l'égarer et de l'entraîner.

En attendant, la Compagnie a le plus grand intérêt à dissiper, comme la seule ressource de ses adversaires, la confusion qu'on voudrait entretenir dans les faits et dans les esprits. C'est dans ce but qu'elle soumet au public ce court recueil de pièces et de discussions comme éclaircissements préliminaires et nécessaires au débat qui doit s'ouvrir maintenant devant lui et devant la justice.

En effet, une demande judiciaire vient d'être signifiée par la Compagnie universelle du Canal de Suez à M. N. Nubar. Nous plaçons en tête de la publication actuelle le texte de ce document.

DEMANDE JUDICIAIRE

FORMÉE PAR

LA COMPAGNIE UNIVERSELLE DU CANAL DE SUEZ

CONTRE

M. N. NUBAR.

L'an 1863, le 24 décembre, en vertu d'une ordonnance de M. le président du tribunal de première instance de la Seine, portant permis d'assigner, en date du 23 décembre présent mois, enregistrée, mise au bas d'une requête à lui présentée le même jour, desquelles requête et ordonnance copie est donnée en tête de celle du présent exploit;

Et à la requête de la Compagnie universelle du canal de Suez, Société égyptienne, ayant son siége social à Alexandrie d'Égypte et son siége administratif à Paris, place Vendôme, nº 12, constituée dans la forme des sociétés anonymes françaises, par des statuts, en date, à Alexandrie d'Égypte, du 5 janvier 1856, approuvés par décret du même jour de S. A. Mohammed Saïd-Pacha, vice-roi d'Égypte, déposés, ainsi que ledit décret, en l'étude de Mᵉ Mocquard, notaire à Paris, suivant acte du 2 décembre 1858, — autorisée à exercer tous ses droits et actions et à ester en justice, en France, par décret de S. M. l'Empereur, rendu en conseil d'État, le 7 mai 1859, en vertu de la loi du 30 mai 1857, publié au *Moniteur universel* le 12 mai 1859, et inséré au *Bulletin des lois*;

Ladite Compagnie agissant, poursuites et diligences de :

1° M. Ferdinand de Lesseps, ministre plénipotentiaire, officier de la Légion d'honneur ;

2° M. le duc d'Albufera, député au Corps législatif ;

3° M. de Chancel, chevalier de la Légion d'honneur ;

4° M. le comte Théodore de Lesseps, commandeur de la Légion d'honneur ;

5° M. le baron Jules de Lesseps, officier de la Légion d'honneur ;

6° M. le vicomte Tirlet, chevalier de la Légion d'honneur,

Président, vice-président et membres du comité de direction de ladite Compagnie ;

Pour laquelle Compagnie domicile est expressément élu, pour la signification de tous exploits, même d'offres réelles et d'appel, en son siége administratif, sis à Paris, place Vendôme, n° 12, et encore en l'étude, sise à Paris, rue du Sentier, n° 24, de Me Denormandie, avoué près le tribunal de première instance de la Seine, lequel est constitué et occupera sur l'assignation ci-après et ses suites ;

J'ai, Étienne-Edmond Gillet, huissier au tribunal de la Seine, demeurant à Paris, rue du Sentier, n° 38, soussigné,

Donné assignation à M. N. Nubar, demeurant boulevard des Capucines, n° 12,

A comparaître le vendredi 8 janvier 1864 devant la première chambre du tribunal civil de la Seine, au Palais de Justice, à Paris, à 11 heures du matin, pour :

Attendu que par sa lettre en date du 21 de ce mois, insérée dans le journal *la Nation*, M. N. Nubar a reconnu avoir fourni les documents et les éléments de la consultation qu'il a demandée à MM. Odilon Barrot, Dufaure et Jules Favre, qu'ils ont signée en date du 30 décembre dernier, et qu'il s'est porté responsable de l'exactitude des textes qui y sont employés, et des faits qui y sont allégués ;

Attendu qu'il a falsifié, altéré ou dissimulé plusieurs textes essentiels dans le but de surprendre la bonne foi des trois signataires ci-dessus nommés, dont il calculait que l'opinion et les noms auraient en sa faveur une grande influence ;

Attendu que la note turque du 6 avril, prise par la consultation comme point de départ, base et moyen de solution de la situation actuelle, contient le paragraphe suivant :

« En résumé, le consentement de la Sublime Porte » est et doit être indissolublement lié à la solution » *préalable* des trois questions suivantes, savoir : la » stipulation de la neutralité du canal, l'abolition » du travail forcé, et l'abandon par la Compagnie de » la clause qui concerne les canaux d'eau douce et » la concession des terrains environnants. *Une fois » ces trois points décidés, le gouvernement de S. M. le » sultan, d'accord avec S. A. Ismaïl-Pacha, s'empressera de prendre en sérieuse considération chacun des » autres articles du projet de contrat.* »

Attendu que ce paragraphe, pris dans son ensemble, révèle manifestement la pensée de ses auteurs ;

Qu'en effet dans le cas même où les conditions qu'il déclare *préalables* seraient acceptées par la Compagnie, la Compagnie seule serait engagée envers la Turquie, la Turquie ne l'étant en aucune façon, puisqu'elle se réserve ensuite de délibérer sur la prise en considération, c'est-à-dire sur l'adoption ou le rejet de chacun des autres articles de l'acte de concession, qu'elle persiste à considérer non comme un contrat, mais comme un projet de contrat ;

Attendu que pour amener les avocats par lui consultés à croire et à répéter après lui qu'il y aurait solution complète et arrangement définitif si la Compagnie renonçait au contrat relatif aux ouvriers et à la propriété du canal d'alimentation et des terres qu'il arrose, M. N. Nubar n'a pas craint de transformer le paragraphe ci-dessus, et de le présenter dans les termes suivants : « Le gouvernement ottoman formule ainsi ses relations *définitives* sur le canal de Suez :

» En résumé, le consentement de la Sublime Porte » est et doit être indissolublement lié à la solution » *générale* des trois questions suivantes, savoir : la » stipulation de la neutralité du canal, l'abolition » du travail forcé, et l'abandon par la Compagnie » de la clause qui concerne les canaux d'eau douce, » et la concession des terrains environnants. »

Attendu que par la substitution du mot *général* au mot *préalable*, et par le retranchement de la phrase subséquente, qui achevait d'en déterminer le sens et la portée, M. N. Nubar a trouvé le moyen de faire dire à la note du 6 avril le contraire de ce qu'elle dit réellement ;

Attendu que cette falsification n'a été évidemment opérée que dans le but de tromper le public sur les motifs qui ont dirigé les résolutions de la Compagnie, et de la présenter comme s'obstinant, contre toute raison, à refuser des conditions qui, en échange de quelques sacrifices, devaient apporter l'avantage d'une terminaison définitive et d'une complète sécurité dans l'avenir ;

Attendu que M. N. Nubar ne s'en est pas tenu là, et que pour y faire dénier à M. de Lesseps, par les signataires de la consultation « le pouvoir de former une Compagnie anonyme pour l'exécution du » canal », il leur a exposé, ce qu'ils ont accepté, que M. Ferdinand de Lesseps n'avait pris, en constituant la Société, le titre de mandataire du vice-roi qu'en abusant, dans la traduction du texte turc en français, du sens équivoque des mots : *pouvoir e droit ;* mais que M. Nubar leur a volontairement caché un autre texte qui ne pouvait permettre aucune controverse, c'est-à-dire l'article 20 du firman définitif de concession du 5 janvier 1856, lequel est ainsi conçu : « Notre ami et *mandataire*, M. Ferdi» nand de Lesseps, présidera et dirigera la Société » comme premier fondateur », etc., etc. ;

Que c'est ainsi que la consultation arrive à accuser M. de Lesseps de s'être présenté comme mandataire, afin de rassurer les capitalistes par la *garantie supposée* du vice-roi, et plus loin à dire en termes exprès : « Nous ne voyons pas dans quelle intention

» il s'obstine à reproduire *cette fausse qualification* de » mandataire ; »

Attendu, sur la question d'autorisation par la Turquie, que pour faire supposer que cette autorisation devait être obtenue directement par la Compagnie, tandis que, dans la réalité, elle a été laissée à la charge et aux convenance du vice-roi, M. N. Nubar n'a pas hésité à substituer, en ne donnant aucune date, le texte aboli du rescrit du 30 novembre 1854, qu'on a transcrit dans la consultation, au texte en vigueur du rescrit du 5 janvier 1856 ;

Attendu que, par des renseignements dénués de toute vérité, il a conduit les signataires à croire et à écrire, dans leur consultation, que M. Ferdinand de Lesseps avait « simulé l'autorisation de la Porte, et » qu'il avait OMIS, avec quelque affectation, dans la » communication qu'il faisait à ses actionnaires de » son titre de concession, *la clause de ratification* que » ce titre contenait ; »

Attendu que ces imputations, qui portent l'atteinte la plus grave au caractère et à l'honneur de M. Ferdinand de Lesseps, ne sont que d'odieuses calomnies ; que la *simulation* de l'autorisation est une allégation injustifiable ; que, quant à l'omission de communiquer, elle est énergiquement démentie par les publications mêmes auxquelles il est fait allusion :

Qu'en effet, antérieurement à la constitution de la Société, M. de Lesseps a fait imprimer et distribuer, à plusieurs milliers d'exemplaires, les titres de concession de 1854 et de 1856, suivis du texte entier de leurs rescrits respectifs, le tout émanant du vice-roi, et portant, celui de 1854 : « Quant aux travaux relatifs au creusement du canal de Suez, ils ne seront » commencés *qu'après l'autorisation* de la Sublime » Porte ; »

Et celui de 1856 : « Quant aux travaux relatifs au » percement de l'isthme, la Compagnie pourra les » exécuter elle-même, *dès que l'autorisation de la Sublime Porte* M'AURA *été accordée.* »

Que de plus, et même dans les feuilles imprimées, destinées au service de l'administration, et ne devant contenir que les dispositions à exécuter, on trouve dans l'article 14 la réserve expresse de la ratification du sultan ;

Qu'enfin toutes ces clauses et ces réserves, bien que considérées par M. de Lesseps comme purement nominales et inefficaces, ont été toujours et en toute occurrence portées loyalement à la connaissance de tous, non-seulement dans les actes susénoncés, mais dans le journal spécial de l'isthme de Suez, comme dans toutes les discussions parlementaires, et dans tous les journaux français, anglais et étrangers ;

Attendu que, non content d'avoir surpris par de tels moyens une consultation aussi préjudiciable aux intérêts, au crédit et à la considération de la Compagnie et de son président, M. N. Nubar s'en est fait le publicateur ; qu'il l'a fait insérer à grands frais dans presque tous les journaux ; qu'il l'a, en outre, répandue et distribuée à profusion dans Paris sous un autre format ;

Attendu qu'indépendamment de ces publications, M. Nubar, sans aucun intérêt avouable, a fait engager et entretient dans plusieurs feuilles une polémique acharnée contre l'existence légale et le crédit de la Compagnie de Suez, polémique basée sur les mêmes erreurs ;

Attendu que ces faits, pris en eux-mêmes et dans leur ensemble, n'ont pour but que d'ébranler et de désorganiser la Compagnie en provoquant autour d'elle la défiance et le discrédit ;

Que de telles manœuvres ne peuvent être tolérées, et que la justice ne doit pas hésiter à les réprimer sévèrement, en accordant aux parties lésées la juste réparation du préjudice qui leur a été occasionné ;

Par ces motifs et autres à présenter à l'audience,

S'entendre M. N. Nubar condamner par toutes les voies de droit à payer à la Compagnie universelle du canal de Suez la somme de 300,000 francs, à titre de dommages et intérêts ;

S'entendre en outre condamner aux dépens.

Sous toutes réserves de fait et de droit.

A ce qu'il n'en ignore, et je lui ai, étant et parlant comme dessus, laissé copie du présent.

NOTE EXPLICATIVE

SUR LES

PRÉCÉDENTS DE LA DISCUSSION ACTUELLE.

En butte aux obsessions continuelles des adversaires du canal de Suez, le feu vice-roi d'Egypte Mohammed-Saïd, dans les commencements de l'année 1860, voulut avoir l'avis de jurisconsultes français sur les droits réciproques de la Compagnie envers le gouvernement égyptien et du gouvernement égyptien envers la Compagnie. En conséquence, un de ses fonctionnaires se rendit à Paris, chargé de demander une consultation.

De cette mission résulta la consultation signée le 9 mai 1860 par MM. Odilon Barrot, Dufaure, Jules Favre, e publiée dans *la Semaine financière* du 14 de ce mois, ainsi que dans *le Pays* et *le Constitutionnel* des 20, 21, 22 et 23 du même mois.

Ce document, mis si tardivement en lumière pour contester jusqu'à l'existence légale de la Compagnie, est donc ancien de trois ans et demi.

De son côté la Compagnie à laquelle, dans sa loyauté, le vice-roi avait fait connaître ses intentions, agissait dans le même but.

Elle fit d'abord examiner et traiter les questions par son conseil judiciaire composé de :

MM. Sénard, ancien ministre de l'intérieur, avocat à la Cour impériale de Paris ;

Paul Fabre, avocat à la Cour de cassation et au conseil d'État ;

Champetier de Ribes, avocat à la Cour impériale de Paris;

Moreau, avoué d'appel;

Denormandie, avoué de première instance;

Mocquard, notaire à Paris;

Fréville, agréé au tribunal de commerce de la Seine.

Les questions proposées à la décision de ce conseil furent celles-ci :

1° La Société a-t-elle été régulièrement et valablement constituée à son origine, et sous la condition suspensive de la souscription intégrale de son capital?

2° Cette condition de la souscription des actions a-t-elle été remplie?

3° La Société a-t-elle été, en fait comme en droit, irrévocablement constituée, tant à l'égard de S. A. le vice-roi qu'à l'égard de chacun des actionnaires, de telle sorte que la Société est liée vis-à-vis de Son Altesse, comme Son Altesse elle-même est liée vis-à-vis de la Société?

Ces trois questions étaient résolues affirmativement et à l'unanimité par le conseil dans une délibération motivée sous la date du 14 avril 1860.

Cette délibération du conseil judiciaire fut soumise à l'examen et à la discussion de plusieurs membres distingués du barreau de Paris, savoir :

MM. Crémieux, ancien ministre de la justice, membre du conseil de l'ordre des avocats de Paris;

Marie, ancien ministre de la justice, ancien bâtonnier et membre du conseil de l'ordre des avocats de Paris;

Plocque, bâtonnier de l'ordre des avocats de Paris;

Vatimesnil, ancien ministre de l'instruction publique, ancien conseiller d'État, ancien avocat général à la Cour de cassation.

Dans quatre remarquables consultations distinctes et personnelles, ces jurisconsultes éminents motivèrent et affirmèrent très-énergiquement la même solution aux trois questions posées.

La consultation de MM. Odilon Barrot, Dufaure, Jules Favre, d'une part, et de l'autre la délibération du conseil judiciaire de la Compagnie, avec les consultations de MM. Crémieux, Marie, Plocque, Vatimesnil, furent transmises au vice-roi.

Son Altesse avait donc à se prononcer sur deux opinions, deux lignes de conduite diamétralement opposées: l'une, celle des jurisconsultes consultés par la Compagnie, affirmant la régularité et la validité du contrat, l'irrévocabilité des engagements pris par le gouvernement égyptien ; l'autre, celle des honorables avocats que son agent avait consultés, et d'après lesquels la validité des obligations diverses du gouvernement égyptien était subordonnée à une clause conditionnelle qui n'était pas remplie.

Après avoir écouté attentivement la lecture de tous ces documents, lecture à laquelle M. Ferdinand de Lesseps assistait, Mohammed-Saïd, en qui la conscience et la connaissance de tous les faits parlait, lui dit :

« *J'adopte l'opinion de vos avocats, et je rejette celle des miens.* »

C'est cette consultation du 9 mai 1860 oubliée, repoussée par le chef lui-même du gouvernement égyptien, auteur de la concession, que viennent d'exhumer les adversaires du canal.

Conformément à cette décision, Son Altesse donna immédiatement l'ordre à son ministre des finances d'inscrire la totalité de la souscription sur les registres de la dette égyptienne, et de s'entendre avec le président de la Compagnie afin de régler le mode de paiement des deux dixièmes, les seuls exigibles à cette époque.

Un acte à cet effet fut passé entre le ministre des finances et deux administrateurs délégués *ad hoc* par le président, reconnaissant, sans restriction ni réserve aucune, la validité de la souscription égyptienne pour une quantité de 177,642 actions, effectuant le paiement des deux dixièmes échus au moyen d'obligations du Trésor produisant 10 0/0 d'intérêt et déterminant le mode de paiement des huit dixièmes à échoir.

Les dates ici sont expressives. La lettre par laquelle le vice-roi demande un avis à ses conseils de Paris est du 17 mars 1860. Leur consultation est du 9 mai de la même année, et le traité que nous venons d'analyser, et qui est la dénégation complète des principes développés dans cette consultation, est du 6 août suivant.

Dès ce moment on n'entend plus parler que du concours énergique et constant de Mohammed-Saïd.

Après avoir exécuté le contrat en ce qui concerne

la livraison des terres concédées à la Compagnie, il l'exécute une seconde fois en ce qui concerne la souscription de son gouvernement, et, ensuite, il l'exécute une troisième fois dans une autre partie non moins importante, dans la participation directe, publique, avouée de son gouvernement à l'exécution des travaux.

En 1861, il se rend dans l'isthme. Il inspecte et approuve les opérations commencées. Il règle lui-même le travail des fellahs. De concert avec la Compagnie et en exécution des obligations prises par son gouvernement pour assurer à la Compagnie les ouvriers qui lui sont nécessaires, il fixe à vingt mille hommes les contingents de travailleurs indigènes à verser mensuellement dans l'isthme.

Cet ordre s'exécute sans interruption avec le concours du gouvernement et de tous ses agents.

Bien plus, un haut fonctionnaire égyptien, Ismaïl-Bey, est nommé spécialement par le vice-roi pour être placé à la tête des travailleurs ; il les dirige, il les commande officiellement.

Si le vice-roi, comme on le dit dans la consultation, eût entendu n'autoriser que des travaux préparatoires, il n'eût certes pas fourni vingt mille hommes, et la vingtième partie de ce nombre eût été suffisante.

Le gouvernement égyptien a donc autorisé les travaux. C'est la dernière condition de la pleine validité du con trat.

Chacun de ces actes de Mohammed-Saïd a été continué, confirmé par son successeur.

Depuis son avénement, les contingents se sont succédé dans l'isthme avec la même régularité.

Le représentant officiel du gouvernement dans l'isthme préside toujours aux travaux des fellahs.

Par une convention du 20 mars dernier, Son Altesse a réglé le paiement des quatre dixièmes appelés depuis le traité passé avec son prédécesseur, le 5 août 1860.

Par une autre convention, à la date du 18 mars dernier, elle a reconnu la pleine légitimité de la possession des terrains de l'isthme par la Compagnie.

Ces deux actes signés si récemment ne contiennent aucune restriction ni réserve quelconque relativement à la Porte.

PRINCIPES ET ÉTAT DE LA QUESTION.

(Extrait de *l'Isthme de Suez.*)

I.

Nous nous sommes bornés jusqu'ici à reproduire loyalement les pièces relatives à la guerre que *la Semaine financière* a déclarée à la Compagnie du canal de Suez. Ce devoir rempli, nous venons nous mêler plus activement à ce débat.

Voici d'abord, dans son expression nue, dégagée de tout ornement, la thèse de *la Semaine financière*.

« Malgré ses cinq ans d'existence et ses 70 millions dépensés au percement de l'isthme, la Compagnie du canal de Suez n'est qu'un projet de Compagnie ; ses contrats ne sont que des projets de contrats, car ils sont soumis à une clause résolutoire dépendant de la Turquie et qui n'a jamais été remplie.

» Par conséquent la Turquie ou l'Égypte ont le droit d'imposer à la Compagnie toute condition que bon leur semble, et même de la supprimer si tel est leur bon plaisir. »

D'où cette conclusion que la Compagnie n'est pas sage de ne se point soumettre et de ne pas se laisser couper un ou deux membres pour sauver le reste du corps.

A l'appui et à la suite de sa théorie, *la Semaine financière* a publié une consultation signée par MM. O. Barrot, Dufaure et Jules Favre, et *datée du* 9 *mai* 1860.

Nous comprenons très-bien qu'on ait compté agir sur le public avec ces noms. Néanmoins nous croyons que la publication de cette pièce des temps passés n'est pas heureuse; et dans la discussion qui va suivre, nous prétendons en tirer un bon nombre de nos principaux arguments.

Nous devons constater avant tout que les considérations développées par le Conseil d'administration de la Compagnie comme motifs et bases de sa résolution du 30 octobre dernier sont restées jusqu'ici intactes, inattaquables et inattaquées.

Si l'on veut juger avec la gravité qu'elle mérite cette question de droit que *la Semaine financière*

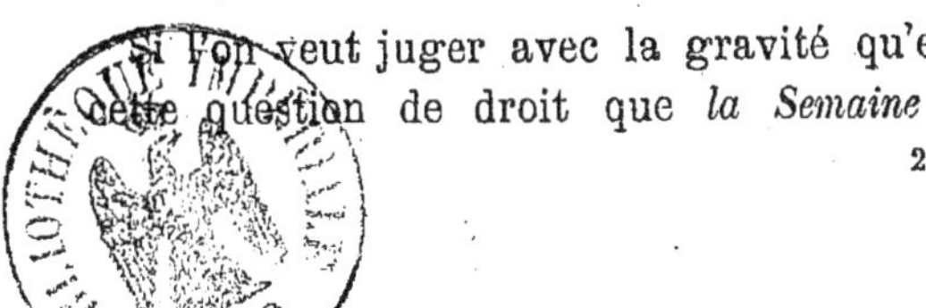

tranche si brutalement, il faut commencer par bien déterminer la situation respective des parties.

Ces parties sont au nombre de trois : la Compagnie, l'Égypte, la Turquie.

Pour des raisons à elle connues, *la Semaine* saute par-dessus la tête de l'Égypte, l'écarte, et place les droits de la Compagnie exclusivement en face des droits de la Turquie.

Les contrats de la Compagnie ne seraient pas valables non point par le fait de l'Égypte, mais par le fait de la Turquie, uniquement parce que la Turquie ne les aurait pas ratifiés.

Nous connaissons cette tactique; c'est celle dont la diplomatie anglaise use et abuse depuis l'origine de l'affaire, celle qui s'attache à faire de la vice-royauté égyptienne un simple pachalick à la merci de la Porte, et à détruire l'arrangement européen qui, sous les auspices de la France, a doté l'Égypte d'une administration indépendante.

Il est d'autant plus essentiel de rétablir le rôle de chacun dans sa réalité, que cette explication suffit pour faire disparaître les obscurités et les confusions qu'on a intérêt à entretenir.

Dans toutes les phases de l'entreprise, depuis la première jusqu'à la dernière, la Compagnie n'a jamais eu affaire qu'au gouvernement égyptien; c'est avec lui seul qu'elle a contracté; c'est lui seul qui, par l'acte de concession définitif, avait donné au président-fondateur pouvoir et mandat de réunir le fonds social et de constituer la Société *préalablement à toute autre ratification* (1); c'est avec lui seul qu'elle a communiqué; c'est de lui seul qu'elle devait recevoir et qu'elle a toujours reçu toutes les autorisations dont elle pouvait avoir besoin.

En dehors de ces relations fondamentales entre la Compagnie et l'Égypte, l'Égypte et la Turquie avaient à s'entendre sur la mesure et la nature de leurs droits respectifs dans leurs rapports avec la concession. Évidemment la Compagnie n'avait ni à s'engager ni à s'immiscer dans cette négociation qui pouvait toucher aux points les plus délicats des prétentions ou des prérogatives des deux gouvernements. Elle appartenait à eux seuls; elle ne pouvait être traitée que par eux et entre eux. C'était ce que de prime abord avait compris et senti facilement le gouvernement égyptien, et le vice-roi avait tracé lui-même à la Compagnie la règle de sa conduite dans cette réserve si souvent citée: « Quant aux » travaux relatifs au percement de l'isthme, elle (la » Compagnie) pourra les exécuter elle-même, dès » que l'autorisation de la Sublime Porte **M'AURA** été » accordée. »

Les démarches nécessaires pour l'octroi de l'autorisation réservée étaient donc l'affaire exclusive du gouvernement égyptien. La Compagnie, sans avoir à

(1) « Sont approuvés les statuts ci-annexés de la société créée » sous la dénomination de Compagnie universelle du canal mari- » time de Suez, *la présente approbation valant autorisation* de » constitution dans la forme des sociétés anonymes, *à dater du* » *jour où le capital social sera entièrement souscrit* (art. 21). » « La concession accordée à la Compagnie devant être ratifiée » par S. M. le sultan, je vous remets cette copie authentique, » *afin que vous puissiez constituer ladite Compagnie financière.* » (Extrait du rescrit accompagnant l'acte de concession.)

s'occuper de la forme ou du fond de cette autorisation, qu'elle fût tacite ou explicite, secrète ou publique, convenue personnellement entre le suzerain et le vassal, ou combinée entre leurs deux cabinets de façon à ne pas leur susciter de dangereux embarras extérieurs, la Compagnie n'avait qu'à attendre le moment où, en autorisant elle-même les travaux, l'Egypte lui ferait virtuellement connaître par le fait même qu'elle avait ou pensait avoir l'autorisation de la Sublime Porte.

C'était ce que la Compagnie n'avait ni à contrôler, ni à contester, ni à vérifier.

Toute autre façon de procéder eût été de sa part inconvenante, compromettante, irrégulière. D'après les conditions que nous venons de résumer, l'autorisation égyptienne la couvrait complétement.

Sur ce principe essentiel que la négociation concernant l'autorisation des travaux incombait à l'Egypte et rien qu'à l'Egypte, la contestation n'est pas possible ; les autorités abondent, l'Egypte, la Turquie, la consultation elle-même dont *la Semaine* prétend se faire une arme, et qui ne sera pas seulement en ce point notre appui :

« Il est vrai, dit ce document, que le vice-roi a » demandé à la Porte ottomane d'accorder sa sanc- » tion à la concession, et son autorisation pour l'exé- » cution du canal ; M. de Lesseps a même été por- » teur de cette demande.

» Il n'est pas moins vrai que c'est entre le sultan » et S. A. le vice-roi que doit se traiter cette ques-

» tion d'autorisation, comme tout ce qui touche aux » rapports que les traités ont établis entre ces deux » gouvernements. »

Et quelques lignes plus loin :

« Que Son Altesse soit moralement obligée à faire » tout ce qui est raisonnablement en son pouvoir » pour obtenir l'autorisation du sultan ; c'est ce qui » n'est point contesté. »

Il est impossible de constater plus nettement la situation du gouvernement égyptien envers la Compagnie, et de la Compagnie envers le gouvernement égyptien quant à l'autorisation.

La Turquie a constamment agi selon le même principe et dans le même sens. Elle n'a jamais communiqué avec la Compagnie, et, durant toute l'affaire, elle s'est invariablement enfermée dans le cercle de ses rapports avec le gouvernement égyptien.

Donc, à l'Égypte seule l'attribution de prononcer l'autorisation par rapport à la Compagnie et à son gouvernement aussi, non à la Compagnie, la responsabilité envers la Porte de la violation des droits prétendus par la Turquie, si, ayant donné cette autorisation, il les a méconnus.

II.

La Compagnie et l'Egypte.

La situation du gouvernement égyptien envers la Compagnie nous paraît définie aussi exactement que possible par la *note explicative* que nous avons reproduite plus haut. Nous croyons cependant devoir y ajouter quelques détails importants que, dans sa concision nécessaire, elle n'a pu contenir.

Pour le plein éclaircissement des faits, il faut les diviser en deux périodes distinctes, les faits antérieurs et les faits postérieurs à la consultation demandée à Paris par le vice-roi en 1860.

Les dispositions de Mohammed-Saïd en faveur du canal, son ardent désir de conduire à terme le percement de l'isthme ne peuvent être l'objet d'un doute. Cette volonté se manifestait par le concours actif qu'il ne cessait de donner à la constitution, à la régularisation, aux opérations de la Compagnie.

Mais à la suite des obsessions de toute sorte dont il était l'objet, à la suite de la mission de Mouktar-Bey envoyé par la Porte sous la contrainte de l'Angleterre, pour faire suspendre les travaux, et qui se retira devant la simple opposition du gouvernement français, en présence aussi de la notification des actes par lesquels la Compagnie maintenait et défendait ses droits contre cette agression, l'illustre auteur de la concession voulut s'entourer de toutes les lumières capables d'éclairer la décision définitive que son gouvernement avait à rendre.

C'était, en effet, une résolution définitive que, dans ses actes notifiés, la Compagnie réclamait de Son Altesse.

Ces actes soutenaient dès lors que la constitution de la Compagnie était valide et régulière, que la concession était irrévocable, et que l'autorisation réservée lui était acquise par la série des faits accomplis et celle de toutes les opérations exécutées de concert avec le gouvernement égyptien et de son plein assentiment.

Les motifs sur lesquels se fondait la Compagnie étaient les suivants :

1° Le mandat spécial et impératif donné par le vice-roi à M. de Lesseps dans l'acte de concession pour la formation de la Compagnie ;

2° Les instructions détaillées tracées au mandataire et que celui-ci n'avait fait que suivre ;

3° L'approbation donnée aux statuts valant autorisation de la constitution de la Société ;

4° L'adhésion donnée par le vice-roi à l'appel public fait par son mandataire aux capitaux de toutes les nations, et la réserve qu'il s'était faite pour lui d'une partie importante du capital à souscrire ;

5° La réception de l'acte notarié portant constatation de la souscription de la totalité des actions, y compris celles réservées par Son Altesse, et son acceptation de la déclaration que la Société était constituée ;

6° Le règlement des comptes de Son Altesse avec la Société ;

7° La prise de possession des terrains de l'isthme concédés à la Compagnie ;

8° L'autorisation donnée pour l'entrée en franchise, conformément aux contrats, des appareils et machines destinés à la continuation des opérations préalables du percement;

9° La livraison à la Compagnie du matériel considérable dont la valeur avait été avancée par le vice-roi pour ces mêmes opérations.

Cette notification, appuyée par les considérations de fait et de droit qu'elle comportait, se terminait en formulant les conclusions suivantes :

« La Compagnie, afin de sauvegarder les intérêts qui lui sont confiés, est donc dans la nécessité de requérir de Son Altesse :

1° *Une consécration nouvelle de la reconnaissance qu'elle a déjà faite* de la constitution régulière et légale de la Société et *de l'approbation qu'elle a donnée à ses premières opérations*;

» 2° *La réalisation des souscriptions que Son Altesse s'est réservées* dans la répartition du capital social, et pour lesquelles son mandataire a fait en son nom, et par son ordre exprès, une souscription régulière;

» 3° *La confirmation de l'approbation donnée au programme adopté par le Conseil,* pour la continuation des opérations préparatoires commencées par Son Altesse elle-même depuis quatre ans. Ces régularisations de conventions déjà faites et d'engagements solennellement contractés, peuvent seuls maintenant dégager la responsabilité de Son Altesse, à qui la Compagnie sera toujours jalouse d'éviter tout embarras. »

C'est sur la valeur et la légitimité de cette requête, en même temps que sur la nature et l'étendue de ses engagements, que le vice-roi envoyait consulter à Paris.

Sur cette demande, la consultation concluait :

« S. A. le vice-roi n'est pas tenu de répondre à la réquisition qui lui est adressée d'avoir à reconnaître la régularité de l'acte constitutif de la Société et des opérations qui ont suivi cet acte. »

La première souscription de Son Altesse est un acte purement privé, et les consultants réservent leur opinion en ce qui concerne « les nouveaux engagements qui lui sont attribués. »

L'antagonisme était donc complet entre les réquisitions notifiées par la Compagnie, comme l'expression de ses droits, et les conclusions des trois avocats consultés; cet antagonisme n'était pas moins radical entre ces conclusions et celles des consultations du conseil judiciaire de la Compagnie et de celles de MM^es^ Crémieux, Marie, Plocque et de Vatimesnil, affirmant et démontrant l'irrévocabilité du contrat, la validité des divers engagements pris au nom du vice-roi et acceptés par lui.

Quel est le résultat ? Le prince n'a plus qu'à prendre sa décision. Il a toutes les opinions et toutes les pièces sous les yeux. Le voilà seul en face de sa conscience, de ses souvenirs, de sa parole, de son honneur auquel M. de Lesseps a fait un appel public avec la plus juste confiance. Il connaît tous les détours, tous les secrets, et, en quelque sorte, tous les côtés intimes, c'est-à-dire équitables, de la question. Juge et partie, certes il ne sera point partial contre lui-même, mais il sera loyal, et, comme nous l'a fait connaître la *Note explicative*, ce sont les conclusions de la Compagnie qu'il adopte, ce sont les opinions contraires de ses avocats qu'il repousse.

Il ordonne à son ministre des finances de passer avec la Compagnie un traité qui est la pleine reconnaissance de sa régularité. Dans ce traité, il constate que sa souscription, c'est-à-dire la constitution de la Compagnie, est valide et obligatoire. Il pourvoit au paiement des appels de fonds exigibles ; il déclare que cette dette est une dette publique et non une dette privée ; il la fait inscrire sur les registres du Trésor, et en même temps il reconnaît la légalité des opérations commencées en les abandonnant à leur libre cours.

En un mot, il exécute de point en point les demandes qui lui ont été soumises par les organes officiels de la Compagnie, et il investit d'une approbation entière chacun des articles de ces conclusions.

Quelle est la portée d'un pareil acte? Le vice-roi a-t-il pu se la dissimuler? A-t-il été prémuni et averti? A-t-il agi en pleine connaissance de cause? Ce sont là autant de questions que va résoudre en quelques lignes la consultation évoquée avec peu de bonheur par *la Semaine financière*.

En effet, après avoir cité les conclusions présentées au vice-roi par la Compagnie, cette consultation les résume et les définit en ces mots :

« *Tout ratifier et tout garantir;* pour éviter certaines responsabilités dont on le menace, *assumer toutes les responsabilités*, se constituer en révolte ouverte contre les ordres de son suzerain, voilà ce que M. de Lesseps ne craignait pas de requérir du vice-roi. »

Sauf « la révolte » que n'ont encore aperçue ni l'Égypte ni la Turquie, voilà, dirons-nous à notre tour, ce que, dans son esprit de justice et de droiture a fait le vice-roi. Il a, par cette décision et cette conduite, « ratifié » le passé, « garanti » l'avenir. Il a « assumé » la responsabilité qui lui appartenait et qui couvre la Compagnie dans l'exécution de ses travaux. Il a en un mot achevé de mettre la Compagnie en mesure de poursuivre son œuvre avec toute sécurité légale, avec toutes les sanctions qu'elle était en droit d'attendre du gouvernement égyptien.

Depuis cette époque jusqu'à sa mort, Mohammed-Saïd n'a cessé de marcher dans la même voie. Les travaux du canal sont l'objet de sa cordiale coopération. En 1861, il se rend de sa personne dans l'isthme pour inspecter et vérifier les progrès obtenus. Il approuve ce qui a été fait. Il étudie et décide lui-même, de concert avec les principaux membres de son gouvernement, les mesures à prendre pour réaliser les obligations qu'il a contractées envers la Compagnie relativement à un corps considérable de travailleurs qu'elle lui réclame et qu'il doit fournir. Il détermine que ce corps sera de 20,000 ouvriers toujours présents sur les travaux. Il règle leur tâche, le mode de leur recrutement et de leur renouvellement. Il veut même participer aux dépenses que les déplacements fréquents des contingents occasionnent à la Compagnie. Les contingents se succèdent sans interruption. Leur rassemblement et leur voyage s'exécutent avec le concours du gouvernement et de tous ses agents. Un haut fonctionnaire est en outre choisi par le prince pour le représenter à la tête des travailleurs, qu'il dirige et commande en son nom. Enfin, Son Altesse prend une résolution encore plus significative, s'il est possible.

Elle se fait construire au centre de l'isthme une vaste habitation pour son usage personnel et dont elle choisit elle-même l'emplacement sur les bords du lac Timsah. Elle déclare que le but de cette construction est de lui permettre de se transporter au milieu de ses travailleurs indigènes, de veiller à tous leurs besoins, de les animer de l'aiguillon tout-puissant de sa présence, et elle dit même un jour à M. de Lesseps : « C'est moi qui vais être votre directeur des travaux. » Une maladie douloureuse, une mort prématurée l'ont seules empêché de réaliser son projet; mais le chalet vice-royal de Timsah reste debout comme un monument attestant la dernière pensée du prince dont le nom sera si glorieusement associé à l'ouverture du grand passage entre les mers de l'Occident et de l'Orient.

Après de tels faits, qui pourrait nier que le gouvernement égyptien ait donné son autorisation sans réserve à la pleine marche des travaux ?

Ce que Mohammed-Saïd a établi et autorisé, son noble successeur Ismaïl l'a confirmé et continué. Depuis son avénement, les contingents se suivent avec la même régularité et en égale quantité. Ils sont toujours placés sous le commandement d'un représentant direct du prince. Par un de ses premiers actes, Son Altesse a placé l'isthme au nombre des provinces égyptiennes, proclamant ainsi la transformation du désert effectuée par la Compagnie.

Son Altesse a réglé le paiement des quatre dixièmes dus par son Trésor, exigibles depuis le traité du 6 août 1860, *en exécution des engagements contractés par le gouvernement égyptien* Ces paroles, placées en tête de la convention, sont encore un désaveu de doctrines énoncées dans la consultation dont se prévalent nos adversaires. Enfin, par une autre convention en date du 18 mars de cette année, S. A. le vice-roi a reconnu la pleine légitimité de la possession des terrains de l'isthme par la Compagnie, et c'est avec elle seule que son gouvernement a négocié et contracté à titre onéreux pour obtenir la rétrocession de certains terrains avoisinant le Caire vers la tête du canal d'eau douce.

Il est très-remarquable que ces deux conventions, affirmant et confirmant la régularité de la constitution sociale, pourvoyant à l'exécution des contrats, reconnaissant et consacrant les droits de propriété de la Compagnie, ne contiennent aucune espèce de restriction ni de réserve sur les droits au nom desquels la Porte voudrait aujourd'hui intervenir dans l'existence de la Société.

Tout est donc consommé entre la Compagnie et l'Egypte. Entre ces deux parties le contrat est parfait. Il est exécuté et il s'exécute sur tous ses points. On a essayé de contester la validité du mandat confié à M. de Lesseps par le vice-roi pour la formation de la Compagnie ; le vice-roi a prononcé la validité du mandat. On a essayé de contester la régularité de la constitution sociale : le vice-roi a reconnu que cette constitution était valable et régulière. On a élevé des difficultés sur la souscription du vice-roi : le vice-roi a levé ces difficultés en réglant les termes échus de sa souscription. On a prétendu que cette souscription était une souscription privée : les deux vice-rois successifs la reconnaissent comme une dette du gouvernement égyptien. On a prétendu que l'autorisation réservée sur les travaux était résolutoire des contrats : le gouvernement égyptien, qui est seul juge en vertu des contrats à l'égard de la Compagnie a jugé, dans le cas où cette autorisation n'aurait pas été donnée, que cette réserve n'était même pas suspensive, car il a mis la Compagnie en possession des terrains concédés et il lui a fourni les travailleurs que ses engagements l'obligeaient à fournir.

On a objecté que l'autorisation de la Porte n'est pas accordée ; la Compagnie répond que la seule autorisation qui lui fût imposée quant à elle, c'était l'autorisation de l'Egypte qui avait voulu se charger et qui seule pouvait se charger de s'entendre avec la Porte de toute façon et sous toute forme qui lui conviendraient, sans que la Compagnie eût à s'y mêler ; la Compagnie répond que cette autorisation de l'Egypte lui a été amplement et itérativement donnée ; elle répond que la marche des travaux n'a pas été interrompue depuis 1860 jusqu'à ce jour ; elle répond qu'une ville de 4,000 âmes a été fondée sur la plage jusque-là déserte et désolée de Port-Saïd ; elle répond qu'elle a exécuté le percement gigantesque du seuil d'El-Guisr, qu'elle a introduit les eaux de la Méditerranée dans le lac Timsah, qu'elle est sur le point d'inaugurer le canal d'eau douce jusqu'à Suez, qui va conduire le Nil vers cette ville immémorialement desséchée, va lui ouvrir une communication d'eau douce avec toute la vallée égyptienne, et va relier directement les deux mers d'Europe et d'Asie ; elle répond que le chef du gouvernement égyptien est venu de sa personne dans l'isthme encourager et sanctionner les travaux ; que pour ces travaux le gouvernement lui expédie 20,000 fellahs chaque mois ; que ce même gouvernement a établi en permanence dans l'isthme un de ses fonctionnaires pour le représenter auprès de ces fellahs, pour les commander et les administrer. Elle répond par la participation directe, publique, éclatante, officielle, journalière du gouvernement égyptien aux travaux, par ses actes, par ses ordres, par l'intervention de ses employés sur les diverses parties de ses domaines, par ce mouvement de population qu'il organise, qu'il dirige, qu'il préside, que dans son exaltation *la Semaine* fait monter jusqu'au chiffre annuel de 780,000 hommes, mais que des calculs plus sérieux doivent évaluer à 300,000 hommes. En vérité, s'il fallait encore démontrer que le gouvernement égyptien a autorisé les travaux, il faudrait aussi démontrer la lumière en plein midi.

Dès lors, comme nous l'avons déjà dit, si la Turquie croit ses droits lésés ou compromis, ce n'est ni à la Compagnie ni aux contrats de la Compagnie qu'elle doit s'en prendre, c'est uniquement au gouvernement égyptien. N'altérons pas les termes de la responsabilité respective. Dans l'observation de leurs contrats, la Compagnie et l'Egypte sont responsables l'une envers l'autre ; mais dès que l'on arrive aux questions de suzeraineté, l'Egypte seule est responsable envers la Turquie, et les intérêts de la Compagnie ne peuvent pas être engagés dans cette responsabilité.

Mais la Turquie a-t-elle sujet de se plaindre? a-t-elle sérieusement des raisons d'invoquer la responsabilité de l'Egypte? Nous ne le croyons pas, nous sommes fermement convaincu du contraire, et nous allons prouver la justesse de notre opinion.

III.

L'Egypte et la Turquie.

La Turquie désire le percement de l'isthme; elle sait, elle avoue que les intérêts de son empire ont beaucoup à gagner à l'achèvement du canal de Suez.

Entre autres considérations de premier ordre, la Turquie discerne très-bien que l'ouverture de ce passage lui permet enfin de montrer son pavillon impérial dans la mer Rouge et d'assurer sa suprématie sur les villes saintes de Médine et de la Mecque, berceaux de sa foi, métropoles de la religion mahométane. C'est ce dont les Anglais ne se soucient point par ces deux raisons que nous a fait connaître le *Times*; la première, que la mer Rouge doit être un lac anglais; la seconde, que l'Angleterre a la prétention d'être la première puissance musulmane de l'Orient.

La Turquie de son chef n'élève pas d'objections contre l'entreprise du canal.

S'il dépendait d'elle, elle n'y opposerait aucun obstacle.

Mais la Turquie n'est pas libre et ne s'appartient pas. Depuis la guerre de Crimée elle est gouvernée par l'Angleterre et pour l'Angleterre.

C'est du chef de l'Angleterre, de son action oppressive sur les ministres ottomans que proviennent toutes les difficultés.

Certains journaux français le nient et nous le comprenons.

S'ils en convenaient, il ne leur resterait pas l'ombre d'un prétexte ou d'une excuse. Car alors ils seraient forcés de confesser ouvertement qu'ils défendent contre la France un intérêt d'égoïsme anglais, et qu'ils aident l'Angleterre à opprimer un gouvernement faible et intimidé.

Sur ce point il nous serait facile d'accumuler les preuves sous leurs yeux. Nous ne voulons nous servir que des autorités qu'ils invoquent.

Pour soutenir que dans ses diverses velléités d'opposition la Porte n'obéissait qu'à ses propres sentiments, que la compression et l'intervention de l'Angleterre n'étaient que chimère et fantasmagorie, ces journaux ne devaient point publier la consultation de MM. O. Barrot, Dufaure et Jules Favre, en date du 9 mai 1860, à moins qu'ils n'eussent espéré qu'on ne la lirait point.

Or c'est presque à tout propos que la consultation signale à la fois la bonne volonté de la Porte et la pression de la diplomatie anglaise sur cette bonne volonté. Citons d'ailleurs les textes. Comme nous l'avons dit, ils sont nombreux.

« M. de Lesseps s'était rendu à Constantinople pour presser l'autorisation. Il était porteur d'une lettre du vice-roi. *Il y fut bien accueilli.* Reschid-Pacha, alors grand vizir, était trop éclairé, trop impatient de pousser son pays dans cette voie de civilisation, hors laquelle il n'apercevait pas de salut, *pour ne pas être favorable au projet qu'on lui soumettait.* Mais *sa bonne volonté* ne suffisait pas. *L'obstacle était ailleurs.* »

Telles étaient, d'après les honorables consultants, les dispositions de la Porte en 1855. Ils constatent en ces termes qu'elles étaient les mêmes en 1858 :

« Des diplomates écrivaient à M. de Lesseps, que *l'obstacle à l'autorisation ne venait pas du chef de la Porte.* »

Quels étaient ces diplomates ? C'étaient les ambassadeurs de France, d'Autriche et d'Espagne à Constantinople.

Quels étaient ces ministres qui leur donnaient ces assurances ? L'un était Fuad-Pacha, aujourd'hui grand vizir, l'autre Aali-Pacha, aujourd'hui ministre des affaires étrangères.

Mais si l'obstacle ne venait pas de la Porte, de qui donc venait-il ? Laissons encore parler la consultation :

« M. de Lesseps avait vainement eu recours pendant les années 1856, 1857 et 1858 à tous les moyens possibles *pour vaincre les résistances du gouvernement anglais, résistances d'autant plus difficiles à surmonter, qu'elles ne s'avouaient pas au grand jour et qu'elles se produisaient dans* L'ACTION LATENTE *de sa diplomatie.* »

Un peu plus bas, la consultation déclare que l'ouverture de la souscription pouvait avoir l'avantage d'enlever au *gouvernement anglais* son meilleur argument.

Dans une autre partie de sa discussion, la consultation revient sur le même sujet. « *Il importe peu,* dit-elle, *que l'obstacle à l'autorisation ne vienne pas du chef de la Porte Ottomane,* mais des résistances d'un autre gouvernement, *de l'Angleterre* particulièrement. »

Il importe beaucoup, selon nous ; mais il nous suffit ici de constater qu'en 1860 encore la consultation reconnaissait que l'obstacle ne venait pas de la Porte, et qu'il venait de l'Angleterre.

Et là-dessus la consultation est presque intarissable, elle ne saurait trop insister sur les manœuvres britanniques. Elle ajoute donc :

« Que M. de Lesseps fasse de l'agitation européenne *contre cette résistance du gouvernement anglais,* rien de mieux. Qu'il lui reproche de tenir dans cette affaire du canal de Suez une conduite qui n'est pas tout à fait digne d'un grand gouvernement, alors que par l'organe de ses ministres il déclare en plein Parlement qu'il laisse à la Porte Ottomane la complète liberté de ses résolutions, et *qu'en secret il fai peser sur elle tout le poids de son influence diplomatique* ; le reproche n'est pas sans justice. »

Enfin la consultation applaudit au langage qu'elle prête à M. de Lesseps, adjurant l'Angleterre de ne pas « tenir en échec *par son* SEUL *veto*, un intérêt aussi universel. »

S'il est donc un fait avéré dans la question, c'est la sympathie et la bonne volonté de la Porte, contenues, comprimées par « l'action latente » et le poids étouffant de l'influence britannique.

Après avoir cité sur ce point les témoignages de MM. Barrot, Dufaure et Jules Favre, basés sur les pièces qui leur avaient été communiquées par le gouvernement égyptien, citons maintenant, au risque de nous répéter, les déclarations elles-mêmes émanées de la Porte, et les textes approuvés ou acceptés par elle.

Dès 1855, après avoir reçu communication de l'acte de concession provisoire du 30 novembre 1854, le grand vizir écrivait au vice-roi d'Egypte que son gouvernement avait accueilli le projet de percement de l'isthme de Suez comme une œuvre « des plus utiles et des plus intéressantes. »

L'année suivante, lorsque l'acte définitif de concession du 5 janvier 1856 est communiqué à la Porte par le vice-roi, la Porte n'y oppose aucune espèce d'objection.

En 1858, au moment où le grand vizir Reschid-Pacha va donner aux actes de concession une approbation officielle, il est frappé de mort subite. Aali-Pacha lui succède au premier poste de l'empire.

L'opposition anglaise redouble d'efforts. Aali est

intimidé, et c'est alors qu'il exprime à la fois son bon vouloir et l'intimidation qu'il subit à notre ambassadeur, qui atteste l'un et l'autre dans l'écrit suivant :

« J'ai vu Aali et Fuad-Pacha. Je les ai trouvés dans les mêmes dispositions, *c'est-à-dire toujours favorables au canal*, et très-désireux d'établir publiquement que *la Porte n'oppose de son chef aucun obstacle* à la réalisation de votre grande entreprise. »

Comme nous l'avons déjà dit, les mêmes assurances étaient données aux ambassadeurs d'Autriche et d'Espagne, qui s'empressèrent de les transmettre à M. de Lesseps, lequel dans ses conférences personnelles recevait les mêmes protestations du grand vizir.

Le premier ministre ne demandait qu'une seule chose, c'est qu'on ne le forçât point, par une déclaration publique, à se brouiller avec l'Angleterre, qui le menaçait de toute son inimitié.

Dans le but de ménager ces appréhensions assez naturelles de la Turquie, sans cependant nuire aux intérêts de l'entreprise, il fut convenu qu'il ne serait pas insisté pour obtenir un témoignage public de l'autorisation de la Porte. Le divan, de son côté, ne devait apporter aucun obstacle à l'accomplissement du mandat donné par le vice-roi à M. de Lesseps. En conséquence, ce dernier expédia de Constantinople à ses collaborateurs en France et à l'étranger des instructions détaillées pour leur prescrire les préparatifs nécessaires à l'ouverture de la souscription et à la constitution de la Compagnie, afin de procéder ensuite à l'exécution des travaux.

M. de Lesseps, avant de les faire partir, donna lecture de ces instructions au grand vizir qui en approuva le contenu et l'envoi. Il lui en laissa une copie et en déposa une autre copie à l'ambassade de France. De ce document très-explicite, nous extrayons le passage suivant, constatant la situation telle que le grand vizir l'avait acceptée.

« La Compagnie universelle du canal de Suez, » armée de la concession *régulière* de S. A. le vice- » roi d'Égypte, à *laquelle le gouvernement de S. M. le* » *sultan ne s'oppose pas en ce qui concerne ses droits de* » *suzeraineté et les intérêts de son empire*, aura toute- » fois la sagesse de ne pas provoquer un conflit entre » la politique du progrès et la politique du passé, et » pour éviter de donner à la mauvaise foi un prétexte » d'exploiter des préjugés ou de faire naître des » malentendus dans une affaire qui devrait conser- » ver son caractère commercial et général, elle ne » réclamera l'assistance d'aucun des gouvernements » dont l'appui lui est assuré. *Mais elle va constituer* » *son organisation définitive*. Elle marchera résolû- » ment et ELLE ACCOMPLIRA LE FAIT, appuyée par les » capitaux des souscripteurs de tous les pays et par » l'opinion publique du monde entier. »

Cette déclaration si nette contenait donc trois constatations principales :

La première, l'assentiment du gouvernement ottoman au projet en ce qui concernait les droits de sa suzeraineté et les intérêts de son empire ;

La seconde, l'accord entre l'Égypte et la Turquie, pour tourner tacitement entre elles l'opposition de l'Angleterre au lieu de la braver de front;

La troisième, le consentement de la Porte à l'organisation définitive de la Compagnie et à sa marche résolue pour l'accomplissement du fait.

C'est dans ces termes et dans ces conditions que M. Ferdinand de Lesseps a procédé à la formation de la Compagnie universelle dont il énonçait et faisait prévoir toutes les conséquences.

Si cet historique est exact, si ces communications ont été faites à la Porte, si elle n'y a rien trouvé à redire, n'est-il pas incontestable qu'elle sanctionnait dès lors et l'organisation de la Compagnie et l'exécution des travaux projetés qui, sous peine de ruine, étaient le corollaire indispensable de cette constitution?

Or, ces faits ont été publiquement et officiellement attestés par M. de Lesseps en deux circonstances solennelles, la première fois, le 15 mai 1860, dans son premier rapport à l'assemblée générale des actionnaires, et la seconde fois, dans son dernier rapport à cette même assemblée générale, en sa séance du 15 juillet 1863.

Aucune dénégation n'a été opposée ni par la Porte elle-même ni par son ministre Aali-Pacha, soit à l'une soit à l'autre de ces attestations réitérées. Elles sont d'ailleurs pleinement confirmées par les attestations antécédentes des trois ambassadeurs de France, d'Autriche et d'Espagne.

De plus, l'autorisation de la Porte à l'organisation de la Compagnie est encore démontrée par l'ouverture de la souscription dans toutes les grandes villes de l'Europe, et spécialement sous ses yeux, à Constantinople, sans aucune protestation ni empêchement de sa part.

Après la constitution de la Compagnie, tous ses actes, tous ses plans, tous ses projets furent également soumis au grand vizir. Le 1er mars 1859, M. Ferdinand de Lesseps lui adressait une lettre où il lui faisait part, avec détails circonstanciés, non-seulement de la situation de l'entreprise, mais encore de la marche qu'elle se proposait de suivre.

Le grand vizir continue à garder son silence approbateur.

Cependant quelques mois après (juin 1859), lord Palmerston rentre au pouvoir, lord John Russell l'y accompagne avec le titre de ministre des affaires étrangères. Ici les dates sont expressives. Le 28 septembre suivant, Mouktar-Bey s'embarquait à Constantinople pour Alexandrie, chargé de la fameuse mission d'ordonner la suspension des travaux du canal. C'était le premier acte d'opposition émané de la Porte.

Que s'était-il passé dans ces trois mois? Le représentant anglais près du divan, sir Henry Bulwer, s'était mis à l'œuvre. Il avait employé tous les ressorts pour pousser le divan, contraint et intimidé, à cette démarche. Il l'avait enfin emporté de haute lutte. On voit que la potitique de lord Palmerston n'avait pas perdu de temps.

Sur un signe du gouvernement français, Mouktar-

Bey rentra à Constantinople sans avoir rempli ses instructions. Les travaux continuèrent sans obstacle.

Si cet échec eût été personnel à la Porte, elle y eût été sensible: elle fut loin de s'en formaliser; elle savait qu'il n'atteignait que la diplomatie anglaise, et elle était disposée à s'en réjouir plutôt qu'à s'en affliger. Bien plus, la Porte saisit la première occasion qui se présenta pour constater de nouveau l'opinion qu'elle n'avait cessé d'exprimer sur les avantages du canal de Suez et l'adhésion qu'elle donnait au principe de cette entreprise.

L'incident Mouktar n'avait pas porté bonheur au cabinet qui l'avait subi. Le ministère turc avait été changé. A la suite de négociations entamées par notre ambassadeur à Constantinople, le divan avait été réuni pour examiner de nouveau la question, et après une discussion, à coup sûr des plus détaillées, puisqu'elle avait occupé dix-sept séances, le conseil ottoman avait encore une fois déclaré que l'exécution du canal n'avait rien que de conforme aux intérêts de l'empire, et qu'il abandonnait à la France et à l'Angleterre le soin de s'entendre sur les questions politiques qui pouvaient en résulter. Nous ne pouvons d'ailleurs mieux caractériser l'esprit de cette délibération qu'en citant les paroles adressées par Méhémet-Ruchdi-Pacha, alors grand vizir, à M. de Lesseps au moment où ce dernier prenait congé de lui pour retourner en France :

« Nous avons mûrement examiné en conseil la question du canal de Suez sous le point de vue de nos intérêts, et nous avons été heureux de reconnaître

» que cette entreprise nous sera profitable. Comme » nous avions reconnu qu'elle produira un grand » bien pour tout le monde, nous aurions agi ainsi » que nous l'avons fait quand bien même nous au- » rions craint qu'elle ne nous causât quelque dom- » mage, afin qu'on ne pût pas nous accuser de vouloir » nuire aux autres.

» Le principe de notre approbation, sous le point » de vue de nos intérêts, étant donc admis, personne, » nous l'espérons, ne pourra trouver mauvais que » nous demandions à des puissances amies de s'en- » tendre sur les questions qui pourraient être la » conséquence de l'exécution du canal, tant vis-à-vis » de l'Egypte que vis-à-vis de l'Europe. »

Cette déclaration remarquable du chef du gouvernement turc, qui fut immédiatement consignée dans une dépêche adressée à l'ambassadeur de France et répétée par le président de la Compagnie, le 15 mai 1860, dans son rapport public à l'assemblée générale, n'a également donné lieu à aucune dénégation ni à aucune rectification.

Après comme avant la mission Mouktar-Bey, c'était à la Sublime Porte le même langage : le canal était utile à l'empire ; la Turquie n'opposait de son chef aucun obstacle à son exécution ; elle eût été prête même, s'il l'eût fallu, à sacrifier quelque chose de son intérêt à l'intérêt de tous, et sa bonne volonté n'était entravée que par des difficultés qui ne provenaient pas de son fait.

Sur les questions politiques, la Porte, comme nous l'avons dit, demandait à la France et à l'Angleterre de s'entendre. La France s'empressa de se prêter à cette ouverture. Elle proposa immédiatement des pourparlers à l'Angleterre. Celle-ci s'y refusa, malgré l'accord exprimé sur ce point par la France et la Turquie. L'Angleterre voulait donc perpétuer les difficultés et non les résoudre.

En présence de ce système d'inertie, la Porte reste dans les termes de toutes ses déclarations antérieures que nous venons de retracer. De 1860 au 6 avril 1863, les travaux du canal marchent et se développent en Égypte. Le gouvernement égyptien les encourage, les autorise, y participe de tout son concours moral et matériel ; des tranchées gigantesques sont creusées, les eaux de la Méditerranée pénètrent jusqu'au lac Timsah, les eaux fécondantes du Nil sont conduites au centre de l'isthme ; le désert se peuple ; les villes, les constructions, les campements s'y multiplient. La Porte regarde tous ces progrès avec la plus parfaite tranquillité et ne fait entendre aucune réclamation.

Nous avons assez souvent raconté toute l'intrigue anglaise dont la note du 6 avril a été l'instrument et le programme, pour n'avoir point à revenir sur ces faits. Mais dans cette note encore la Porte comprimée sent le besoin de persister dans ses protestations précédentes. « Il n'entre pas, dit-elle, dans la » pensée de la Porte de vouloir empêcher la réali- » sation d'une entreprise qui pourrait être d'utilité » générale. »

Reprenons maintenant notre thèse dans son ensemble.

Précédemment nous avons dit et nous pensons

avoir prouvé que la Compagnie n'avait dû attendre et recevoir que de l'Egypte l'autorisation d'exécuter ses travaux. Nous pensons avoir prouvé que cette autorisation a été pleinement accordée par l'Egypte. Nous ajoutions que si l'Egypte n'était pas en règle envers la Porte, l'Egypte seule en était responsable, et que la Compagnie, fidèle exécutrice des contrats, n'en pouvait avoir à souffrir. Nous nous proposons d'examiner maintenant si la Turquie a lieu d'incriminer l'Egypte et de lui imputer à ce sujet une responsabilité quelconque.

Cet examen nous semble fait par l'exposé que l'on vient de lire. En tout temps et dans des circonstances diverses, la Porte a protesté de son assentiment à l'entreprise du canal de Suez. Elle a protesté que les difficultés qu'elle pouvait lui opposer avaient leur source non dans sa volonté, mais dans des influences étrangères. Elle a reconnu à plusieurs reprises que le canal était avantageux aux intérêts de son empire, et elle était réduite enfin à ce triste aveu qu'elle était contrainte de faire taire cet intérêt en face d'une pression étrangère qui ne lui laissait pas sa liberté d'action et de résolution. Est-ce que ce n'était pas déjà autoriser l'entreprise? Est-ce que ce n'était pas déjà autoriser l'Egypte? Est-ce que ce n'était pas l'inviter à procéder à l'exécution, si elle savait avoir moins de faiblesse que la Porte? Quand la Porte cédait ainsi à une pression illégitime, pourrait-elle accuser l'Egypte pour n'avoir pas imité son exemple; et si la Porte invoquait les lois de la suzeraineté, l'Egypte ne pourrait-elle pas lui répondre, avec toutes les autorités du droit public, que le droit de la suzeraineté a aussi ses devoirs; que ces devoirs consistent à protéger le vassal contre des exigences extérieures et non à les lui faire subir ; que le jour où la Porte a reconnu que le canal, en ouvrant les perspectives les plus magnifiques pour l'Egypte, serait encore d'une grande utilité pour le reste de l'empire, l'autorisation de l'exécuter lui a été donnée, et que n'ayant pas à s'occuper de l'Angleterre, elle regarde cette autorisation comme bonne et valable ?

L'Europe pourrait-elle être d'un autre avis que l'Egypte ? Et, en définitive, le jour où la question serait posée devant l'Europe, n'est-elle pas d'avance résolue ? Ecoutons là-dessus une autorité que ni la Porte ni l'Angleterre ne déclineront, c'est celle de l'intelligence la plus haute du cabinet actuel de Londres, d'un des hommes d'Etat les plus éminents de notre temps, de M. Gladstone, chancelier de l'Echiquier. Voici comment il s'exprimait à la Chambre des communes dans la séance devenue fameuse du 2 juin 1858 :

« L'Egypte est subordonnée à la Turquie, non point » à cause de la puissance du sultan, mais *à cause des » intérêts de l'Europe* et par la garantie des pouvoirs » européens. »

Voilà les droits et les devoirs de la suzeraineté ottomane définis en quelques mots. Cette suzeraineté n'existe pas seulement pour elle ; elle a également pour objet, pour raison et pour garantie les intérêts, les pouvoirs de l'Europe. Or, la Turquie n'ayant cessé de déclarer qu'elle reconnaissait dans le canal une œuvre d'utilité européenne, une œuvre d'utilité turque, une œuvre d'utilité égyptienne; la Porte ayant avoué en même temps que la contrainte seule et une jalousie étrangère l'avaient empêchée et l'empêcheraient d'y donner sa sanction officielle, l'Europe n'est-elle pas en plein droit d'intervenir et de signifier que c'est l'Egypte qui, en faisant poursuivre les travaux, remplit les devoirs que lui imposent les traités, et que c'est la Turquie qui, en prétendant les arrêter contre les intérêts du monde, contre les intérêts des provinces ottomanes, contre l'intérêt spécial de l'Egypte, manque à la fois à ses devoirs envers l'Europe et à ses devoirs envers son vassal? Est-il donc possible que tant d'intérêts réunis, légitimes, s'abaissent et s'anéantissent devant le caprice, la jalousie et l'ingérence d'un gouvernement étranger dans les affaires intérieures d'un gouvernement indépendant? Est-il possible qu'en pliant sous cette ingérence, la Porte en pût encore imposer le joug à l'Egypte et que l'Egypte pût courir la moindre responsabilité à s'en affranchir? Quels seraient les résultats d'un tel état de choses? Ici nous n'avons encore qu'à laisser parler M. Gladstone :

« Dans mon opinion, dit-il, il n'y aurait pas de système plus insensé ou de suicide plus certain que d'essayer de maintenir l'indépendance et l'intégrité de l'empire ottoman en rendant l'union à cet empire onéreuse et funeste à ses provinces. N'allez pas dire à l'Egypte : « Il y a un projet qui, s'il pouvait être » exécuté, développerait beaucoup, nous en conve- » nons, vos ressources commerciales, mais nous » vous empêchons d'en tirer tous les avantages, » parce que nous pensons qu'il affaiblirait votre » union avec la Turquie. » Par là, vous pousserez immédiatement le pacha et le peuple d'Egypte à conclure que leur union avec la Turquie implique pour eux une pauvreté et une dégradation comparatives, parce que cette union s'oppose à ce qu'ils recherchent les moyens d'accroître leur propre force et leur prospérité. »

Combien l'argument que M. Gladstone place dans la bouche de l'Egypte serait encore plus fort dans la bouche des grandes puissances du continent venant représenter à la Porte qu'elle combat cette œuvre d'utilité européenne, non pas en vue des intérêts égyptiens ou turcs, mais pour obéir à des impulsions extérieures !

L'Egypte n'a donc pas à craindre une responsabilité émanant de l'autorisation qu'elle a donnée à l'exécution des travaux par suite de tant de manifestations favorables du Divan, sans parler des communications personnelles que Mohammed-Saïd a eues avec le chef de l'empire ; mais la question a encore une autre face qu'il nous faut aussi présenter rapidement.

La Compagnie, comme nous l'avons constaté, a été constituée avec l'approbation préalable de la Porte. Les projets des travaux lui ont été communiqués. Elle n'y a pas fait d'objections. Depuis 1859 les opérations du canal marchent publiquement avec une grande énergie. La Compagnie a pris possession de l'isthme et s'y est installée. Les contrats signés et confirmés par deux vice-rois s'exécutent depuis plusieurs années. Dans cette période qui s'étend jusqu'au 6 avril dernier, la Porte n'a montré qu'une velléité de résistance par la mission de Mouktar-Bey, et cette velléité elle-même dont on connaît la cause, est devenue un nouveau principe d'adhésion puisqu'elle a été retirée et que pendant trois ans les travaux ont pu suivre paisiblement leur cours. Dans cet intervalle, la Compagnie a dépensé dans l'isthme environ 70 millions. Elle les a dépensés sur la foi des encouragements qu'avait donnés la Porte, sur la foi des déclarations qu'elle avait faites à plusieurs ambassadeurs, sur la foi de l'autorisation donnée à la constitution de la Société qui ne pouvait pas s'organiser pour se croiser les bras et ne rien faire. Est-ce après que l'Egypte s'est engagée; est-ce après tant de millions dépensés ; est-ce après tant d'années, lorsque la première communication va s'ouvrir entre les deux mers ; est-ce après cette longue et implicite ratification du gouvernement ottoman qu'il pourrait venir s'élever contre le fait accompli, et obliger l'Egypte à manquer à tant d'engagements solennellement et itérativement contractés envers le monde, le commerce et la civisation ?

En laissant le contrat s'exécuter dans de telles conditions, au nom de tous les codes, au nom de toutes les lois anciennes et modernes, au nom du droit national, comme au nom du droit international, la Turquie l'a accepté.

La Porte là-dessus a dit et répété le dernier mot de ce débat : la Turquie a accepté, l'Angleterre refuse, a refusé, et la Turquie n'ose pas désobéir à l'Angleterre.

L'acceptation de la Turquie suffit. L'Egypte ne s'est jamais obligée à demander et encore moins à obtenir le consentement de l'Angleterre.

LE VRAI DE LA QUESTION.

A M. le rédacteur de la Semaine financière.

« Monsieur, je viens de lire votre article du 7 de ce mois sur la Compagnie du canal de Suez. Je n'entends pas entrer avec vous dans tous les détails de votre discussion, mais elle me frappe par une lacune importante que j'ai besoin de vous signaler. S'il est d'axiome que les questions bien posées sont plus d'à moitié résolues, l'axiome est deux fois vrai pour la question du canal de Suez. Or, selon moi, vous la posez mal et sur un terrain faux.

» Vous nous avez beaucoup parlé et parlé uniquement de la Turquie et de l'Egypte. Il est en cette affaire un acteur beaucoup plus capital que vous avez gardé dans des ténèbres propices. Cet acteur, c'est l'Angleterre; cette vieille Angleterre du moins encore imprégnée des passions de 1815, ne pouvant se résoudre à faciliter l'accès des mers orientales aux pavillons européens, et surtout au pavillon français.

» Vous n'êtes pas sans savoir que depuis les commencements du projet jusqu'à ce jour, au milieu des acclamations et de l'adhésion de tous les peuples, cette Angleterre seule en a combattu l'entreprise.

» Pour arriver à ses fins, elle n'a reculé devant aucun procédé.

» Vous souvient-il de l'apparition mystérieuse et

soudaine d'une flotte anglaise dans la rade d'Alexandrie pendant la guerre d'Italie? Cette flotte allait opposer le *veto* de ses canons à la concession du percement de l'isthme. La nouvelle de la victoire de Solferino la fit rentrer à Malte aussi vite qu'elle en était venue.

» Vous n'êtes pas sans savoir que cette Angleterre n'a épargné contre le canal ni les affirmations téméraires, ni la diffamation des personnes, ni la calomnie envers notre pays.

» Elle disait que le projet n'était qu'une chimère ; elle disait qu'il n'était qu'un piége tendu par un spéculateur déloyal aux capitaux crédules ; elle disait qu'il n'était que le masque d'un complot ourdi par ses promoteurs pour compte du gouvernement français afin de lui livrer l'Egypte au moyen d'un corps organisé d'ouvriers étrangers, parmi lesquels il ne serait pas difficile d'introduire des « zouaves déguisés. »

» Elle protestait alors contre le travail libre, comme elle proteste aujourd'hui contre le travail obligatoire.

» Tandis qu'elle travaillait par ces fictions à faire fuir les capitaux et à jeter le trouble dans l'opinion européenne, elle portait ses plus ardents efforts à Constantinople et au Caire, pesant sur ces deux gouvernements de toutes les influences intimidatrices dont elle pouvait disposer.

» Je sais qu'on est allé, à Londres, jusqu'à menacer un ministre turc de l'inimitié irrévocable du gouvernement anglais si la Turquie consentait *jamais* à l'exécution du canal.

» Il n'est pas un moyen que n'aient employé les agents britanniques pour effrayer et vaincre la résolution de Mohammed-Saïd. Un de ses mots familiers indiquera l'intensité de cette sorte de torture morale. Montrant un jour à une personne de qui je tiens le fait, les vides de son vêtement que sa corpulence ne remplissait plus : « Voyez, dit-il, comme ces Anglais m'ont fait maigrir. »

» La fidélité de cet historique a pour témoin toute l'Europe. En voulez-vous des témoignages anglais ? ils ne manquent pas ; en voici :

» M. Rœbuck, l'un des orateurs de la Chambre des communes les moins suspects de faiblesse envers la France, s'exprimait, dès 1858, dans les termes suivants :

« Il s'agit de l'honneur et de l'intérêt de l'Angle-
» terre. Il me semble qu'on sera d'avis que l'hon-
» neur de l'Angleterre a été sacrifié, que son grand
» nom a été traîné dans la boue, et que nous nous
» sommes conduits d'une manière égoïste et basse
» dans la question du canal de Suez. »

» En paroles moins vives, mais plus graves et plus profondes, l'un des personnages les plus éloquents et les plus éminents du Parlement, M. Gladstone, maintenant chancelier de l'Échiquier, définissait ainsi cette même politique :

« Ce qu'on vous demande, c'est que vous mettiez
» fin à ce système coupable dont je regrette que

» mon noble ami (lord Palmerston) ait été le principal auteur; système *d'intervention arbitraire et non provoquée* pour empêcher que le canal ne soit exécuté. »

» A ces preuves de l'hostilité systématique dont je viens de parler, j'en pourrais ajouter bien d'autres émanant des hommes les plus considérables des Trois-Royaumes. Mais j'ai assez à dire pour devoir me borner.

» Depuis cette époque, et surtout depuis la rentrée de lord Palmerston aux affaires, « le système coupable » n'a fait que s'aggraver.

» Comment se conduisaient cependant, à l'égard du canal de Suez, l'Egypte et la Turquie ?

» L'Egypte ! je n'ai pas besoin de le dire; les faits sont assez éclatants.

» La Turquie ! elle accueillait dès ses premiers pas le projet avec une bienveillance et une faveur marquées. Elle encourageait M. de Lesseps envoyé par le vice-roi; elle n'apercevait dans l'entreprise aucun motif intérieur d'opposition; elle reconnaissait qu'elle est avantageuse aux intérêts de l'empire; elle protestait à plusieurs reprises « qu'en ce qui la concerne », elle n'y trouvait point d'objection.

» Parmi tous les documents que je pourrais invoquer pour prouver la vérité de ces allégations, je me contenterai d'en citer un seul, parce qu'il suffit

» Je prends dans le dernier rapport de M. de Lesseps aux actionnaires, le billet suivant que lui adressait, à la date du 30 mars 1858, notre ambassadeur à Constantinople :

« *J'ai vu Aali et Fuad-Pacha ; je les ai trouvés dans les mêmes dispositions, c'est-à-dire toujours favorables au canal, et très-désireux d'établir publiquement que* **LA PORTE N'OPPOSE DE SON CHEF AUCUN OBSTACLE** *à la réalisation de votre grande entreprise.* »

» Le sultan Abdul-Medjid portait au projet une vive sympathie. M. de Lesseps déclare en avoir reçu l'assurance de sa bouche. Mes renseignements me mettent à même d'affirmer que les dispositions du sultan Abdul-Aziz ne sont pas moins favorables. L'esprit de ce prince est surtout pénétré de la force que retirerait à la fois son pouvoir religieux et politique d'une voie d'introduction toujours facile et toujours assurée à sa marine dans la mer Rouge.

» Malheureusement la Turquie est faible et ne s'appartient pas. Destinée à l'affranchir, la guerre de Crimée n'a pas atteint ce but; la Porte n'a fait que changer de pression. Elle a tout simplement passé du joug moscovite sous le joug britannique.

» C'est ainsi que, placée entre son intérêt et ses craintes, entre l'intimidation qui l'obsède et le désir de céder aux vœux de la civilisation qui l'invoque, la Turquie hésite, recule, avance, se tait, parle, agit, et tout en finissant par succomber sous les coërcitions de la diplomatie anglaise toujours altière et menaçante à ses côtés, n'y cède qu'avec répugnance.

» J'en donnerai un exemple. Il est célèbre.

» En 1860, les opérations du canal commencent à se développer. Elles marchent, et la diplomatie anglaise s'inquiète. A force de manœuvres, elle arrache au Divan une manifestation qu'elle croit décisive. Mouktar-Bey part pour l'Egypte avec la fameuse mission d'ordonner et d'effectuer la suspension des travaux. Tout est en émoi à Alexandrie; les consuls sont convoqués ; l'ordre fatal leur est officiellement communiqué. Un télégramme du gouvernement français survient qui s'oppose à cet acte de violence. Tout est fini. Mouktar-Bey s'en retourne paisiblement à Constantinople, et la Porte, heureuse de pouvoir échapper à la contrainte britannique, retire son ordre et s'abstient.

» Après cet échec éclatant la diplomatie anglaise se tint plus tranquille, c'est-à-dire que la Porte laissa se continuer en toute paix les travaux de l'isthme de Suez.

» Toutefois, en 1862, la situation se dessine. Le seuil d'El-Guisr est percé ; les eaux de la Méditerranée sont amenées au lac Timsah, au centre de l'isthme. En fait, dès lors, le problème de l'impossibilité prétendue du canal est résolu pratiquement, car quatre fois le canal a été établi par les anciens du lac Timsah à la mer Rouge. Cet événement réjouit le monde. Il irrite la vieille Angleterre. En même temps une mission importante était donnée par S. A. Mohammed-Saïd à M. Hawkshaw, éminent ingénieur de Londres. Celui ci se transporte sur le terrain de l'isthme ; il y inspecte l'état des choses, et l'on apprend que ses conclusions sont favorables à l'exécution de l'œuvre.

C'est en ce moment que sir Henry Bulwer, ambassadeur anglais à Constantinople, se rend en Egypte et va de sa personne vérifier l'état des travaux. Il en revient frappé des résultats obtenus. Il ne doute plus que l'œuvre ne s'achève. Il communique ses impressions à son gouvernement, et il sent que des mesures extrêmes et suprêmes sont indispensables et urgentes, si l'on veut que le canal ne s'exécute point.

» Aussitôt et sans perdre un jour, un complot est ourdi par ce diplomate à Constantinople. Les dates ici sont expressives. Sir Henry était encore dans l'isthme à la fin de décembre dernier, et le complot était organisé, prêt à agir dès le mois de mars suivant. L'occasion semblait belle. Mohammed-Saïd, que l'on n'avait pu dompter, venait de mourir. Un changement de règne pouvait être une opportunité heureuse. La visite du sultan au nouveau vice-roi fournissait l'occasion de faire éclater la machine. L'ambassadeur anglais se multipliait auprès des ministres ottomans, obsédait le sultan de ses demandes d'audience ; sa ferveur était telle, que dédaignant toutes les lois des convenances et les règles de l'étiquette, il allait poursuivre le sultan, pour qu'il eût son dernier mot, jusqu'à bord du vaisseau qui le portait vers Alexandrie.

» Il faisait plus. Il poursuivait en Egypte le sultan de sa surveillance ; ses télégrammes, ses courriers, ses envoyés, jusqu'à ses secrétaires personnels se succédaient sans relâche sur le théâtre de la conspiration dont il avait dicté lui-même le programme dans une note devenue célèbre sous le nom de note du 6 avril. Heureusement la fermeté de M. Tastu, notre consul général en Egypte, muni des instructions de son gouvernement, étouffa le complot dans son germe, et une seconde fois la Porte montra le dégoût avec lequel elle subissait le rôle qui lui était imposé par la facilité qu'elle mit à céder aux représentations qui lui furent faites.

» Ce nouvel échec, cette fois, ne devait pas arrêter l'Angleterre. L'ajournement, c'était la défaite définitive. On attendit à Constantinople le retour du sultan. On rallia les débris épars du complot et on ouvrit une nouvelle campagne, cette fois moins ténébreuse et plus hardie, sur les bases de la note du 6 avril.

» Un mot cependant sur cette note. J'ai dit qu'elle avait été dictée par sir Henry Bulwer; j'ajoute qu'elle contient des passages entiers d'une note adressée sur le même sujet au gouvernement français par le cabinet britannique. La tactique de l'Angleterre s'y était modifiée. Le temps était passé de soutenir l'impossibilité du canal, de parler de l'armée d'invasion qui, sous le nom d'ouvriers, devait conquérir l'Egypte pour le compte de la France. Il fallait adopter un système qui, tout en admettant la fin, la détruisît par l'interdiction des moyens. Il suffisait pour cela d'attaquer la Compagnie dans ses ressources d'exécution matérielle, dans ses intérêts financiers, dans les perspectives de ses revenus. C'était la désorganiser matériellement et pécuniairement. Voilà le sens, l'esprit, la lettre de la note du 6 avril, et voilà pourquoi l'Angleterre joue sa dernière carte sur l'application de cette note.

» Me trompé-je, Monsieur ? J'en fais juge le public.

» Veuillez écouter sur cette note le langage de la presse anglaise.

« Le travail, disait le *Standard*, ne pourra s'obte-
» nir qu'au moyen de dépenses énormes. Les action-
» naires seront ruinés. »

» La *Saturday Review* abondait dans le même sens : « Les résultats de la note du 6 avril auraient fini
» par ruiner M. de Lesseps et son projet. »

» Le *Spectator* ajoutait : « Le travail forcé doit
» cesser, ce qui est la prohibition du canal. »

» L'*Economist* se flattait en ces termes du même dénoûment : « Comme aucun grand ouvrage n'a
» jamais été exécuté en Égypte sans travail forcé,
» un salaire ne tentant pas le paysan égyptien, la
» note du 6 avril semble devoir être fatale à l'entre-
» prise. »

» Plusieurs autres journaux de Londres et des provinces se mêlaient à ces allégresses que le *Times* assaisonnait par d'ironiques compliments à la Compagnie.

» Faut-il encore d'autres preuves que le gouvernement anglais est l'âme de toute la situation, que c'est lui qui dicte et commande les démarches de la Porte? Je veux vous en offrir dans le *Times* l'aveu tout frais et qui ne date que du mois d'août dernier : « En disant que l'ambassadeur anglais à Constan-
» tinople partagea cette opinion (celle du refus de
» la ratification), et que l'on prétend même qu'il y

» a fort insisté auprès de la Porte; en rappelant » aussi que lord Palmerston a porté presque de la » véhémence dans son opposition au projet, on peut » supposer qu'il y avait contre lui des raisons va» lides. »

« L'*Examiner and Times* de Manchester est encore plus explicite, et sa déclaration ne laisse rien à désirer : « Le sultan, dit-il, refusait sa sanction... Si, « au lieu du sultan nous nommions lord Palmerston, » nous exposerions exactement les choses telles » qu'elles étaient. Le sultan avait barres sur le » pacha et lord Palmeston avait barres sur le sultan, » M. de Lesseps ne pouvait rien faire sans le pacha; » le pacha ne pouvait rien faire sans le sultan, et » le sultan ne pouvait rien faire sans lord Pal» merston. »

« Quand la note du 6 avril fut publiée, au milieu de la tempête qu'elle souleva, il n'y eut qu'un cri dans toute l'Europe. Personne ne pensa à dire : voilà la main de la Turquie ! le monde dit à l'unanimité : voilà la main de l'Angleterre !

» Dernièrement, inquiètes des nouveaux obstacles qu'on essayait d'élever contre la jonction des deux mers, les chambres de commerce de Pise, de Milan, de Gênes, de Florence, d'Ancône, de Syracuse, etc., votaient une adresse au gouvernement italien pour réclamer tout son appui en faveur de l'entreprise attaquée. Il n'en est pas une qui ait pensé à accuser la Turquie de la création de ces incidents; sans une seule exception elles y ont signalé, elles y ont déploré l'action unique de l'Angleterre.

» Quand vous parlez des embarras suscités au canal de Suez ne parlez donc ni de l'Egypte, ni de la Turquie, ni même de la question des terrains ou de la question du travail. La cause, l'obstacle c'est l'Angleterre, rien que l'Angleterre. Le monde veut le canal de Suez ; l'Angleterre ne le veut pas seule contre le monde. L'avouer ce serait tout perdre ; il est des choses qu'on ne peut confesser. C'est pourquoi la vieille Angleterre s'enveloppe dans toutes sortes d'artifices et de déguisements ; mais qu'elle s'habille en turc, en pacha ou en grand vizir, qu'importe ! regardez sous l'habit, c'est toujours lord Palmerston, c'est toujours l'Angleterre.

» Faire de la Porte le bouc émissaire de l'Angleterre, ce n'est ni juste ni généreux. Laissez, si vous voulez, à cette pauvre Turquie la responsabilité de sa faiblesse, quoiqu'elle lui coûte assez cher ; mais dans cette ombre, n'abritez pas devant la justice des peuples, devant l'histoire, devant la civilisation, la responsabilité de l'Angleterre.

» Cette lutte qui tient la France et le monde en suspens depuis six années, elle est entretenue par l'Angleterre, rien que par la volonté compressive de l'Angleterre. L'Angleterre ordonne, la Turquie obéit. L'Angleterre est la tête, la Turquie, à la fois craintive et rétive, est le bras. Vous le savez maintenant, Monsieur; je vous en prie, ne nous cachez plus la tête pour ne nous montrer que le bras.

» Vous faut-il encore des preuves sur ce point? Que l'opposition de l'Angleterre cesse, et par le même coup de baguette vous verrez s'évanouir celle de la Turquie, heureuse et soulagée d'un grand poids.

» Ou bien encore enlevez la concession du canal à la Compagnie universelle, coupable de représenter de grands capitaux français, pour transférer cette concession à une compagnie purement anglaise, il n'y aura plus de difficultés ni sur la question des fellahs, ni sur la question des terrains.

» L'épreuve est déjà faite.

» Pendant dix ans, de 1851 à 1860, les fellahs, au nombre de 30, de 40 et de 50,000 hommes, ont été employés dans les conditions de travail les plus déplorables, pour l'intérêt et le service de l'Angleterre. La Porte s'est bien gardée d'en dire un mot. Elle ne s'est aperçue du mode d'organisation du travail, en Égypte, que lorsque l'Angleterre lui a prescrit d'introduire le trouble dans les progrès du canal de Suez.

» Quant aux terrains concédés : précisément afin de créer une concurrence au canal de Suez, l'Angleterre sollicita en faveur d'une compagnie exclusivement anglaise, cela va sans dire, la concession du chemin de fer de l'Euphrate qui, sur une étendue de *seize cents* kilomètres, coupait en deux l'empire ottoman. Naturellement cette concession ne fit aucune difficulté, et, dans son acte, la Turquie octroyait à la Compagnie anglaise, sur cette longueur de 1,600 kilomètres et sur une largeur non définie, non pas un désert nu, mais « les terres, les bois, les forêts » et les carrières propriétés de l'État. »

» Le ministre turc, signataire de cet acte de concession, est le ministre turc qui a signé la note du 6 avril contre les terrains concédés dans l'isthme.

» Ainsi donc, abonder dans le sens de la note du 6 avril, soutenir avec elle que la Compagnie n'a de droit que ceux que voudra bien lui laisser la Turquie, c'est jouer en plein le jeu de l'Angleterre, c'est mettre le sort du canal entre les mains de l'Angleterre, c'est lui fournir les moyens de l'anéantir ou de s'en emparer pour son compte.

» Cette dernière pensée est déjà assez populaire dans la finance britannique, pour que sir Henry Bulwer se soit fait fort auprès du divan de réunir à la Bourse de Londres les millions sterling nécessaires pour la réaliser.

» Si ce jour luisait jamais, l'entreprise du canal ne sera plus, soit à Constantinople, soit à Londres, ni impossible, ni ruineuse, ni suspecte.

» Telle est la question; il n'y en a pas d'autre. Tout le reste est de l'artifice.

» J'ai l'honneur, etc.

» UN ACTIONNAIRE-FONDATEUR.

» Paris, le 10 novembre 1863. »

CONSEIL D'ADMINISTRATION

DE LA

COMPAGNIE DU CANAL MARITIME DE SUEZ.

Séance extraordinaire du 29 octobre 1863.

RÉSOLUTION.

Le Conseil :

Ayant reçu, dans sa précédente séance du 13 de ce mois, communication de la lettre adressée à M. le président par S. Exc. Nubar-Pacha, envoyé de S. A. le vice-roi d'Egypte, et dont la teneur suit :

« Paris, 12 octobre 1863.

« Monsieur le Président,

» Les propositions que S. A. le vice-roi m'a chargé
» de faire à la Compagnie par sa lettre du 18 août
» qui m'accrédite auprès de vous, sont les suivan-
» tes :

» Réduction du nombre actuel des ouvriers au
» chiffre de six mille hommes ; le nombre actuel
» des contingents étant, sous tous les rapports, pré-
» judiciable au pays et aux intérêts de l'agriculture.

» Ce contingent de six mille hommes serait fourni
» pour concourir aux travaux d'une manière per-
» manente.

» Augmentation du salaire actuel qui n'est point

» rémunérateur. Le vice-roi croit juste, équitable et » nécessaire que ce salaire soit porté à 2 francs par » jour ; il considère ce chiffre comme rémunérant le » fellah de son travail et de son absence forcée de » son village et de son champ.

» Suppression de la concession des terrains. Le » vice-roi offre, comme compensation, de prendre » pour compte de son gouvernement tout le canal » d'eau douce, ainsi que cela a déjà eu lieu pour la » partie du Caire au Ouadi ; de rembourser à la » Compagnie les frais qu'elle a faits pour la partie » déjà creusée de ce canal, et de le terminer jus- » qu'à Suez, en se conformant aux dimensions de » largeur et de profondeur établies.

» Ces propositions, Monsieur le Président, sont » faites dans l'intérêt de l'Egypte aussi bien que dans » celui de la grande entreprise que vous poursuivez » d'accord avec Son Altesse. Ces deux intérêts n'ont » jamais été séparés par le vice-roi, qui les a toujours » considérés comme étroitement liés ensemble.

» Veuillez, etc.

» *Signé :* Nubar. »

Le Conseil ayant, en outre, reçu communication d'une seconde lettre de S. Exc. Nubar-Pacha ainsi conçue :

« Paris, 25 octobre 1863.

» Monsieur le Président,

» Par la lettre que vous m'avez fait l'honneur de » m'adresser le 25 courant, vous m'informez que

» plusieurs membres du Conseil d'administration » vous ont fait remarquer que ma lettre du 12 du même » mois n'expliquerait pas suffisamment si la sup- » pression de la concession des terrains s'applique- » rait également au canal d'eau douce d'alimenta- » tion, entre le Ouady et Suez, et vous me demandez » de préciser le point qui serait douteux à leurs » yeux.

» Je viens en conséquence, Monsieur le Président » pour satisfaire au désir des membres du Conseil, » expliquer d'une manière formelle que la suppression » de la concession des terrains est générale et entraîne » naturellement celle du canal d'alimentation du » Ouady à Suez.

» J'avais pensé d'ailleurs, en me servant de l'ex- » pression de suppression de la concession des ter- » rains, lever toute ambiguïté, et c'est dans ce sens » général que vous l'avez comprise vous-même, » puisque cette question des terrains est un des » points dont la solution forme l'objet de la mission » dont Son Altesse le vice-roi m'a chargé par sa » lettre du 18 août.

» Veuillez, etc.

» *Signé :* NUBAR. »

Après en avoir délibéré dans la séance de ce jour :

Vu les deux actes de concession des 30 novembre 1854 et 5 janvier 1856 ;

Vu le règlement sur l'organisation du travail égyptien dans l'isthme, en date du 20 juillet 1856 ;

Vu les prospectus et publications relatifs à la

souscription du fonds social ouverte le 5 novembre 1858;

Vu l'acte de constitution de la Société passé par Me Mocquard et son collègue, sous la date du 15 décembre 1858, transmis au gouvernement égyptien et approuvé par lui;

Vu la convention passée entre S. A. Ismaïl-Pacha et la Compagnie, en date du 18 mars 1863 sur la prise d'eau du canal d'eau douce au Caire;

Considérant :

Que S. A. Mohammed-Saïd, vice-roi d'Égypte, voulant faire exécuter le canal maritime de Suez, a donné à M. Ferdinand de Lesseps le mandat d'organiser une compagnie financière au moyen d'un appel aux capitaux de toutes les nations;

Que *pour obtenir* le concours de ces capitaux, Son Altesse *a dû déterminer par divers actes ci-dessus visés,* les conditions, faveurs et avantages qui seraient assurés aux souscripteurs en compensation des risques de l'entreprise et en rémunération des dépenses à faire pour son exécution;

Qu'au nombre de ces conditions figurent les suivantes, qui sont fondamentales, savoir :

1° La concession d'un canal d'eau douce dérivé du Nil et destiné à mettre le canal maritime en communication avec l'intérieur de l'Égypte;

2° La concession des terres incultes que la Compagnie pourra féconder par le canal d'eau douce;

3° L'engagement pris par le gouvernement égyptien de fournir à la Compagnie, à un prix convenu et fixé d'avance par ce gouvernement lui-même, les ouvriers du pays nécessaires à l'exécution des travaux ;

Que sous l'empire de ces conventions auxquelles a été donnée la publicité la plus grande, sans aucune protestation ni réserve de la part de qui que ce soit, la souscription ayant été ouverte, 25,000 souscripteurs ont répondu à l'appel du prince, et la Compagnie a été constituée ;

Que lesdites conventions librement proposées et acceptées engagent les souscripteurs envers le gouvernement égyptien, et le gouvernement égyptien nvers les souscripteurs ;

Considérant :

Que le Conseil ne pourrait accepter des dérogations à ce contrat que si elles étaient justifiées par des nécessités et des avantages évidents, et si elles n'étaient pas contraires aux intérêts de l'œuvre du percement de l'isthme ;

Considérant :

Que les dérogations proposées ne se justifient par aucune nécessité, et qu'elles sont en outre incompatibles avec la poursuite efficace des travaux de la Compagnie.

En ce qui touche la réduction du nombre des ouvriers.

Considérant :

Que S. A. Mohammed-Saïd s'est proposé principalement de sauvegarder les intérêts de l'agriculture, lorsqu'il a rendu le décret précité, relatif à l'organisation du travail des ouvriers indigènes dans l'isthme, et que sa sollicitude à cet égard est constatée par le préambule de cet acte, ainsi conçu :

« Nous, Mohammed-Saïd-Pacha, vice-roi d'Egypte, » *voulant assurer l'exécution des travaux du canal* » *maritime de Suez, pourvoir au bon traitement des ou-* » *vriers égyptiens qui y sont employés, et* VEILLER EN MÊME » TEMPS AUX INTÉRÊTS DES CULTIVATEURS, PROPRIÉTAIRES » ET ENTREPRENEURS DU PAYS, avons établi, de concert » avec M. Ferd. de Lesseps, comme président fondateur » de la Compagnie universelle dudit canal, les disposi- » tions suivantes... : »

Considérant :

Que le prince a atteint son but, puisque jamais à une autre époque de son histoire moderne, l'agriculture égyptienne n'a été aussi prospère que dans les trois années qui ont suivi l'application du décret dont il s'agit ;

Que sur une population de cinq millions de fellahs les vingt mille ouvriers du canal de Suez représentent un individu mâle de quinze à soixante ans pour deux cent cinquante habitants ;

Que S. A. le vice-roi, s'étant rendu dans l'isthme accompagné de ses principaux fonctionnaires, des membres de son Conseil de gouvernement, et d'un prince de sa famille, a fixé lui-même à vingt mille hommes, au minimum, le contingent d'ouvriers à fournir à la Compagnie, promettant de porter ce contingent à quarante mille hommes, dans des circonstances exceptionnelles;

Que dans la même pensée, Son Altesse a réduit son armée de trente mille à dix mille soldats, afin de restituer à l'agriculture vingt mille hommes de dix-huit à vingt-cinq ans à la place des vingt mille hommes de quinze à soixante ans qu'il lui empruntait pour le canal;

Qu'il n'est nullement question de la suppression du travail obligatoire, comme on a tenté de le faire croire au public, suppression impossible en Egypte dans l'état présent des mœurs de la population et des besoins du pays, puisqu'il s'agit, non d'un principe, mais d'un chiffre; non d'une réforme générale, mais du remaniement d'un contrat particulier;

Qu'en effet la proposition consiste à réduire à six mille le nombre des ouvriers égyptiens employés dans l'isthme, ce qui porterait de trois à dix ans la durée du travail des contingents, sans diminuer la somme totale du travail qu'ils auraient à exécuter;

Que la population égyptienne ne gagnerait rien à ce changement, tandis qu'il est évident qu'une telle lenteur infligée aux opérations de la Compagnie serait désastreuse pour ses intérêts;

Que les pertes qu'elle aurait à subir affecteraient notamment le trésor égyptien, en sa qualité d'actionnaire de l'entreprise pour 88 millions et de bénéficiaire de 15 0/0 sur les revenus de l'exploitation;

Que le commerce et la navigation du monde,

l'Egypte elle-même, auraient à souffrir de cet ajournement dont ils feraient peser sur le gouvernement égyptien la responsabilité morale, et les souscripteurs, la responsabilité financière, puisqu'il aurait empêché l'œuvre de s'achever dans les limites de temps prévues;

Considérant :

Que la nécessité où se trouve la Compagnie d'employer des ouvriers égyptiens, lui a été imposée par l'initiative du gouvernement même de l'Egypte;

Qu'en effet, l'acte définitif de concession en date du 5 janvier 1856 contient cette disposition prohibitive :

« *Dans tous les cas,* LES QUATRE CINQUIÈMES AU » MOINS DES OUVRIERS *employés à ces travaux* SERONT » EGYPTIENS. »

Que cette disposition tendait surtout à donner à certaines défiances extérieures des garanties contre le rassemblement d'un corps nombreux d'ouvriers étrangers dans l'isthme, rassemblement qu'on représentait bruyamment comme devant menacer l'indépendance du pays;

Que tel fut le principe du règlement sur les ouvriers, le gouvernement ayant reconnu qu'il devait à la Compagnie les terrassiers indigènes requis pour l'exécution de son œuvre, puisqu'il lui interdisait de les chercher au dehors, et sachant parfaitement qu'elle ne pourrait se les procurer dans le pays, s'il ne les fournissait lui-même;

Qu'en conséquence, dans sa loyauté et sa sollicitude

pour le succès de l'entreprise, le gouvernement égyptien dut prendre et prit par l'article 1er du règlement précité cet engagement net et formel :

« *Les ouvriers qui seront employés au canal de Suez* » *seront fournis par le gouvernement égyptien, d'après* » *les demandes des ingénieurs en chef et* SUIVANT LES » BESOINS ; »

Que, dès lors, la Compagnie, assurée de l'exécution de ses travaux, — ce sont les paroles de Mohammed-Saïd — renonça à toute tentative de recrutement extérieur ;

Que depuis sa mise en vigueur jusqu'à ce jour, le règlement sur les ouvriers a été exécuté sans interruption, d'accord entre les parties contractantes, successivement par S. A. Mohammed-Saïd et S. A Ismaïl ;

Considérant :

Que, tout en conservant la sécurité essentielle que lui assure le règlement du 20 juillet 1856, la Compagnie a intérêt à substituer, autant que possible, l'emploi du travail mécanique à celui du travail manuel ;

Que cet intérêt est encore stimulé par son ardent et respectueux désir de se prêter, dans toute la mesure des possibilités, aux vues de Son Altesse ;

Qu'elle n'a épargné jusqu'ici ni peines ni dépenses pour rechercher et éprouver tous les moyens capables de remplacer les ouvriers par les machines; qu'elle a fait des essais longs et coûteux, afin d'utiliser, pour l'élévation et le transport des terres, des machines de toute espèce ;

Que, dans ce but, elle a effectué, à grands frais, l'acquisition de quarante-quatre dragues qui lui permettent de limiter ses besoins aux contingents actuels;

Qu'elle vient encore de conclure un traité avec un entrepreneur spécial, qui s'oblige à achever le percement du seuil d'El-Guisr par l'opération exclusive de ses propres ouvriers et de ses excavateurs mécaniques ;

Que, par ce marché, la somme de travail encore afférente aux fellahs se trouve diminuée d'un tiers ou d'environ 10 millions de mètres cubes;

Que la Compagnie s'applique activement à obtenir avec d'autres contractants des résultats semblables pour le seuil du Sérapéum;

Qu'elle a donc lieu d'entrevoir dans l'avenir le moment où elle pourra elle-même solliciter la réduction des contingents ;

Qu'elle s'engage à ne rien négliger pour atteindre ce but;

Mais qu'elle doit se réserver tous les moyens en sa possession pour assurer le prompt achèvement de son œuvre, et par conséquent garder intactes, jusqu'à ce qu'il en puisse être disposé autrement, les conventions qui sont sa principale garantie sur ce point capital.

En ce qui concerne la demande d'augmentation de salaires.

Considérant :

Qu'en 1856 le chef du gouvernement égyptien a

déterminé et fixé lui-même, dans le règlement du 20 juillet 1856, les conditions de salaire auxquelles il s'obligeait à fournir les travailleurs par le premier paragraphe de l'article 2 ainsi conçu :

« *La paie allouée aux ouvriers sera fixée suivant les* » *prix payés en moyenne pour les travaux des parti-* » *culiers, à la somme de 2 piastres et demie à 3 pias-* » *tres, non compris les rations, qui seront délivrées en* » *nature par la Compagnie pour la valeur d'une piastre.* »

Qu'en réalité ce prix total de 4 piastres formait le double du salaire moyen que gagnait, dans les autres parties du pays, le journalier indigène ;

Qu'outre ce salaire, relativement élevé, le contrat a imposé à la Compagnie les charges suivantes :

La fourniture gratuite de l'eau nécessaire aux besoins des travailleurs. Ce seul chapitre de dépense pour les dix-huit mille hommes qui ont exécuté la première tranchée du seuil d'El-Guisr en huit mois, donne un total de 600,000 francs ;

L'établissement d'ambulances et hôpitaux, l'achat des médicaments et l'organisation du personnel médical et pharmaceutique nécessaire pour traiter les malades aux frais de la Compagnie. Afin de rendre cette mesure d'humanité efficace, la Compagnie dépense 350,000 francs par an ;

Le paiement aux malades de la moitié du prix de leur journée ;

L'approvisionnement dans le désert des vivres et objets de consommation, lequel a nécessité la forma tion d'un service dispendieux d'intendance et de transports.

Considérant :

Que lors de son voyage dans l'isthme, S. A. Mohammed-Saïd voulut elle-même déterminer sur les lieux la tâche dévolue à chaque contingent, et que la mesure en fut bien modérée, puisque, établie sur le principe de trente journées, elle est habituellement accomplie en vingt-deux, vingt et parfois même en quinze jours ; que le prince fixa la nature et la quantité de la ration et régla le prix de la tâche de manière à faire jouir l'ouvrier du maximum de paie quotidienne indiquée par les conventions;

Qu'en dehors des diverses charges prévues par le règlement, la Compagnie est prête à prouver que le prix effectivement reçu par les travailleurs dépasse le maximum fixé en 1856 et coûte à la Compagnie 1 fr. 50 c. par homme et par journée de travail ;

Considérant :

Qu'en supposant que depuis 1856 le cours des salaires se soit élevé en Egypte, cette circonstance n'autoriserait pas le gouvernement à exiger une élévation dans les prix débattus et convenus ; car, à coup sûr, si le cours des salaires eût baissé, la Compagnie ne serait pas admise à réclamer une modification du contrat dans le sens de cette baisse. Elle n'en aurait jamais eu la pensée ;

Que toutefois le salaire de 4 piastres est encore aujourd'hui double de celui qu'on alloue en moyenne aux terrassiers égyptiens employés par les particuliers ;

Que ce salaire de 4 piastres est le prix payé par S. A. le vice-roi lui-même aux ouvriers qu'il fait venir du Caire dans la haute Egypte pour ses grandes fabriques de sucre;

Considérant:

Que si le gouvernement égyptien s'est engagé, à ses risques et périls, à fournir à l'entreprise les ouvriers dont elle a besoin, la Compagnie n'en est pas moins disposée à montrer sa profonde et sympathique déférence pour Son Altesse en se prêtant aux sacrifices pécuniaires qui n'atteindraient pas son œuvre au cœur;

Qu'elle propose, en conséquence, que par une enquête consulaire ou par tout autre procédé impartial et contradictoire, on constate quel est actuellement le salaire moyen des terrassiers en Egypte, et qu'elle s'engage, en renonçant à se prévaloir, en ce point seulement, du règlement de 1856, à hausser ses salaires, si le cours moyen réellement existant est plus élevé que le prix fixé par le règlement sur l'organisation du travail dans l'isthme; et cela, sans réclamer aucune atténuation dans les autres charges qui lui sont imposées par ledit règlement.

En ce qui touche la rétrocession des terres et du canal d'eau douce.

Considérant :

Que la concession des terres est une des plus importantes conditions du contrat primitif proposé par le gouvernement égyptien, et accepté par les souscripteurs ;

Que le produit du fermage de ces terres, lorsqu'elles auront été mises en valeur, sera dans l'avenir un élément considérable des revenus affectés à la Compagnie ;

Que la Compagnie les occupe et les possède depuis plusieurs années ;

Que le canal d'eau douce est le corollaire naturel et essentiel du canal maritime ;

Que si, dans ces derniers temps, la Compagnie a cru devoir céder au gouvernement égyptien ses droits à la construction de la prise d'eau entre le Nil et la tête du Ouady, c'est précisément parce que Son Altesse lui a représenté et qu'elle a reconnu que cette ligne subsidiaire, complétement séparée de l'isthme, pénétrait jusque dans la capitale de l'Égypte, intervenait dans le régime intérieur des eaux égyptiennes, et qu'étant bordée de propriétés particulières, sa construction et son exploitation donneraient naissance à des conflits fâcheux et presque inextricables ;

Que, pour la partie du canal située dans le périmètre de l'isthme, depuis Raz-el-Ouadi jusqu'à Suez, aucun de ces inconvénients n'est à craindre en l'état actuel des choses, ce canal et les terrains qu'il traverse et doit desservir étant également et au même titre la propriété de la Compagnie ;

Que les produits de ces terres seront des plus utiles pour alimenter les villes dans l'isthme à mesure qu'elles se peupleront ;

Que la Compagnie a par conséquent le plus grand

intérêt à pourvoir constamment et à veiller à la mise en production de ces surfaces qu'elle a tirées de leur immémoriale stérilité;

Considérant :

Que ces terres ont été acquises par la Compagnie à des titres doublement onéreux et commutatifs;

Qu'elle a échangé cette acquisition contre la charge de constituer un capital de 200 millions de francs et de doter l'Égypte de la plus magnifique voie commerciale du monde en rattachant cette voie à sa navigation intérieure ;

Qu'elle remplit ces obligations, puisqu'après avoir réuni son capital, elle en a déjà dépensé le tiers environ dans la construction des deux canaux.

Qu'en outre, le gouvernement des vice-rois s'est réservé un prix direct personnel de sa concession par l'article 18 de son acte définitif, article dont voici le texte :

« *Toutefois*, **EN RAISON DES CONCESSIONS DE TERRAINS,** » *et autres avantages accordés à la Compagnie dans les* » *articles qui précèdent, nous réservons* **AU PROFIT DU GOU-** » **VERNEMENT ÉGYPTIEN UN PRÉLÈVEMENT DE QUINZE** » **POUR CENT SUR LES BÉNÉFICES NETS DE CHAQUE ANNÉE** » *arrêtés et répartis par l'assemblée générale des action-* » *naires.* »

Que cette participation considérable aux bénéfices, indépendante des autres charges, donne à la concession tout le caractère de la vente ;

Considérant :

Que la convention du 18 mars 1863 relative à la prise d'eau sur le Nil est la reconnaissance formelle de la légalité de l'acquisition et de l'occupation des terres attribuées à la Compagnie;

Que, pour la bonne foi de la Compagnie, cette convention était une transaction véritable et définitive faisant la part aux deux intérêts réciproques, et que sur cette question des terres, les désirs du gouvernement égyptien allant plus loin, c'était alors le moment de les poser et de les résoudre;

Considérant :

Que le canal d'eau douce jusqu'à Suez est à peu près achevé, et que par conséquent la proposition de le faire terminer par le gouvernement égyptien ne peut plus avoir d'objet;

Que les conditions de remboursement offertes pour la rétrocession de cet ouvrage et de ses dépendances sont très loin d'équivaloir aux valeurs qu'il a créées et dont il favorisera le développement successif;

Que cette rétrocession elle-même n'est pas compatible avec les intérêts présents et futurs de la Compagnie;

Considérant :

Que l'abandon des terres par la Compagnie serait préjudiciable à la navigation et au commerce de tous les peuples, la Compagnie dès lors ne pouvant obtenir la rémunération de ses capitaux que par des combinaisons plus exigeantes dans son tarif de péage du canal maritime;

Considérant :

Que la Compagnie universelle est une Compagnie égyptienne, que le gouvernement égyptien est à lui seul souscripteur de près de la moitié de son capital;

Que l'on n'aperçoit pas les motifs, les convenances qui pourraient empêcher une Compagnie égyptienne de posséder des terres en Egypte à l'instar, non-seulement des Egyptiens, mais encore des étrangers, et qui pourraient faire de ses possessions un danger pour l'Etat;

Que ces terres sont soumises à la loi égyptienne comme toutes les autres terres de l'Egypte;

Qu'à ce propos, la seule appréhension qu'on ait jamais exprimée est celle de voir la Compagnie installer sur ses possessions des colonies d'étrangers;

Que jusqu'ici, la Compagnie n'a traité de la culture qu'avec des sujets de l'empire ottoman, et que son intérêt est de continuer le même système.

En ce qui touche à l'ensemble des propositions,

Considérant :

Qu'elles sont le renversement et la négation des contrats, l'abrogation rétroactive du mandat donné à M. Ferdinand de Lesseps pour la constitution de la Compagnie;

Que les conditions principales auxquelles le gouvernement égyptien a appelé les souscripteurs à s'associer à lui pour l'exécution de l'entreprise sont au nombre de cinq;

Savoir :

Concession du canal maritime avec droit de péage;

Concession du canal d'eau douce avec le même droit ;

Concession des terrains ;

Fourniture par le gouvernement des ouvriers nécessaires selon les besoins des travaux ;

Prix déterminé et fixé d'avance du salaire de ces ouvriers;

Que, sur ces cinq conditions principales, quatre seraient annulées par l'acceptation des propositions formulées ;

Considérant :

Que cette acceptation entraînerait pour la Compagnie :

1° Une prolongation de six années dans le paiement des intérêts du fonds social ;

2° Une prolongation des frais généraux pendant ce même laps de temps ;

3° Un égal retard dans l'exploitation du canal maritime et dans ses revenus ;

4° Une augmentation dans les prix des salaires pour les terrassements ;

5° Enfin la suppression de la valeur des terrains concédés ;

Ensemble de pertes qui se compteraient, comme il est facile de le prouver, par des centaines de millions.

Par ces motifs,

Le Conseil décide à l'unanimité :

Sur la première question, celle de la réduction du nombre des ouvriers et de l'augmentation des salaires :

Qu'il n'y a pas lieu de déroger aux stipulations du règlement relatif à l'organisation du travail dans l'isthme, en date du 20 juillet 1856.

Sur la seconde question, celle du canal d'eau douce, dit d'alimentation, et des terrains qui peuvent être fécondés par la Compagnie :

Que la dernière assemblée générale des actionnaires ayant approuvé le traité passé entre la Compagnie et S. A. Ismaïl, vice-roi d'Égypte, le 18 mars 1863, il y a lieu de s'en tenir aux conditions réciproques de ce traité confirmatif des actes de concession,

Et charge spécialement M. le président, déjà muni des pleins pouvoirs des assemblées générales, de maintenir l'exécution des conventions qui lient la Compagnie envers le gouvernement égyptien et le gouvernement égyptien envers la Compagnie.

Pour copie conforme :

Le président,

FERD. DE LESSEPS.

IMP. CENTRALE DE NAPOLÉON CHAIX ET Ce, RUE BERGÈRE, 20. — 11692.

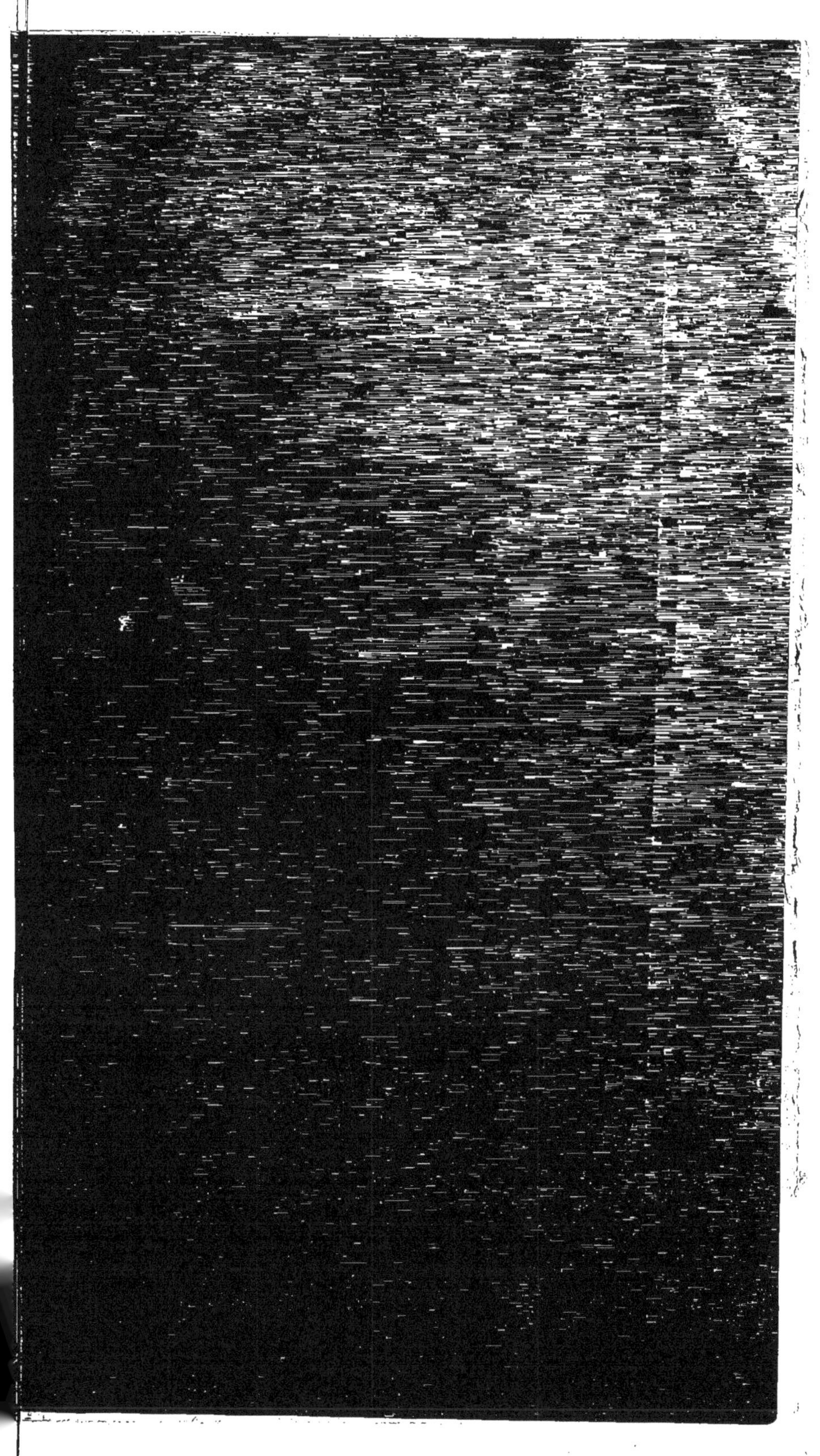

www.ingramcontent.com/pod-product-compliance
Ingram Content Group UK Ltd.
Pitfield, Milton Keynes, MK11 3LW, UK
UKHW021558260726
13993UKWH00002B/925

9 782019 971120